Ministry Traning School

MTS란?

- MTS(Ministry Traning School, 평신도 사역자 훈련스쿨)는 평신도를 2년 과정의 10가지 코스를 통해 사역자로 훈련시키는 과정이다.
- MTS의 특징은 주입식 교육이 아니라 워크샵 중심이며 훈련 교재가 쉽다는 점이다.
- 2년이라는 단기간에 10가지 과정을 훈련시킴으로써 사역에 필요한 사명과 자질을 구비시킬 수 있다.
- MTS는 현재 한국 교회의 대표적인 사역 트렌드인 평신도 신학, 제자훈련, 셀, 알파코스, 멘토링의 원리와 신학을 한국 교회의 상황에 맞게 통합적으로 적용한 평신도 사역 훈련 시스템이다.
- MTS를 통하여 당신의 교회는 "목회자에게서 배우고, 목회자를 돕고, 목회자와 동역 할 수 있는 평신도 사역자"를 배출하게 될 것이다.

목적
- 전통적인 교회 구조에서 평신도를 목회자 같은 사역자로 세우기 위함.
- 담임 목회자 중심의 목회를 도울 수 있는 핵심적인 사역자로 훈련하기 위함.
- 평신도 사역자를 체계적으로 양육할 수 있는 시스템을 교회에 제공하기 위함.

개요
- MTS는 크게 Long-term Course 와 Intensive Course로 운영한다.
- LC는 10주를, IC는 2박 3일을 기본단위로 한다.
- LC는 보통 1~3월, 4~6월, 9~11월에 실시한다.
- IC는 여름과 겨울에 수련회 방식으로 진행한다.
- 인원은 기본적으로 한 모임당 30~40명으로 구성한다.
- 구성된 모임은 1개의 대그룹과 3~4개의 소그룹으로 운영한다.
- 모임은 낮모임(주부), 저녁모임(직장인), 주말모임(가족단위)이 있다.
- 모임의 내용은 식사, 주제강의, 소그룹토론 및 기도회로 이루어진다.
- 2년 과정을 마친 사람들은 다양한 사역현장으로 파송된다.

특징
- 전통적인 교회 구조 안에서 평신도들을 목회자 같은 사역자로 세운다.
- 평신도 운동, 제자훈련, 셀, 알파, 멘토링, 코칭의 원리를 통전적으로 반영하였다.
- 2년이라는 정해진 훈련기간과 스쿨이라는 체계적 시스템을 이용한 프로그램이다.
- 목회자에게 배우고, 목회자를 돕고, 목회자와 함께 사역하는 평신도 사역자를 개발한다.
- "불신자에서 교인으로, 교인에서 제자로, 제자에서 사역자로"

Ministry Traning School

약자로 본 MTS의 의미

▶ 명 칭 ◀

Ministry : 사역자   Training : 훈련   School : 학교

▶ 역 할 ◀

Mentoring or Modeling – 가르치는 자의 역할
Training – 배우는 자의 역할
Systematizing – 시스템을 통해 운영

▶ 단 계 ◀

Making Believers – 신자화
Training as Disciples – 제자화
Serving as Workers – 사역자화

MTS 운영단계

1. 신자화 과정 : 그리스도 알아가기 (예비과정)

새신자 혹은 구원의 확신이 아직 없다고 판단되는 신자를 MTS에 참여시킬 경우 필수적으로 거치도록 하는 과정으로서, 일반 제직이나 임명받은 평신도들은 제외할 수 있다.

- ▶ Long-term Course : 6주
- ▶ Intensive Course : 2박 3일

2. 제자화 과정 : 그리스도 따라하기 (1년차)

- ▶ Long-term Course (10주)
    ① 성경가이드학교   ② 예배학교   ③ 전도자훈련학교
- ▶ Intensive Course (2박3일 수련회 형식으로 여름/겨울 각각 1회 실시)
    ① 기도훈련학교   ② 성령학교

Ministry Traning School

3. 사역자화 과정 : 그리스도 섬기기 (2년차)

▶ Long-term Course(10주)
  ① 소그룹리더학교   ② 중보기도학교   ③ 새신자양육학교

▶ Intensive Course(2박 3일 수련회 형식으로 여름/겨울 각각 1회 실시)
  ① 제직학교   ② 은사학교

MTS 10주 일정

주	1	2	3	4	5	6	7	8	9	10
교재	1과	2과	3과	4과	5과	6과	7,8,9과	10과	11과	12과
특별행사	입학식	필독과 제배분					수련회			만찬/수료식
과별사역	각 과에 필요한 과외 프로그램을 그때마다 진행									

MTS 모임형태와 순서 (저녁모임의 예)

시 간	순 서	담 당 자	진 행 방 법
6:00~7:00	식 사	봉사자들	식사는 가능하면 소그룹별로 한다
7:00~7:40	주제강의	담임 목회자	40분 동안 교재의 내용을 쉽고 재미있게 강의 형태로 진행한다
7:40~7:50	티타임	봉사자들	소그룹별로 흩어지는 과정에서 잠시 교제하며 차를 마신다
7:50~8:30	소그룹 모임	소그룹 리더	4W : Welcome(아이스브레이크), Word(주제강의반복), Witness(삶의 나눔), Work of prayer(기도사역) (목회자는 매주 1개 그룹씩 돌아가며 참석한다)
8:30~8:45	대그룹 기도회	담임 목회자	담임목회자가 제시하는 기도제목이나 소그룹에서 올라온 중보기도제목을 놓고 함께 기도하고 마무리한다

제직학교
LAY LEADERS TRAINING SCHOOL

1강	제직의 의미와 중요성	7
2강	제직의 기본 자질	13
3강	제직의 사명과 임무	19
4강	제직의 선발과 훈련	25
5강	제직의 은사개발	31
6강	제직의 신앙관리	37
7강	제직의 교회봉사(Ⅰ)	43
8강	제직의 교회봉사(Ⅱ)	49
9강	제직의 가정생활	55
10강	제직의 사회생활	61
11강	제직과 목회자	67
12강	제직과 교회성장	73

제작학교 개요

● 주제성구 ●

> 형제들아 너희 가운데서 성령과 지혜가 충만하여 칭찬 듣는 사람 일곱을 택하라 우리가 이 일을 저희에게 맡기고 (행 6:3)

목 적
- 직책의 개념이 아니라 사역의 개념으로 제직을 이해하게 한다
- 충성된 제직을 양성하여 하나님 나라와 교회를 확장한다
- 제직을 통해 성도들을 온전히 세운다

중요성
- 제직은 성도들의 리더로서 잘 훈련시키면 교회가 온전히 세워진다
- 제직은 목회자를 돕는 확실한 협력자이다
- 제직은 평신도 사역이 꽃필 수 있는 통로이다

기대효과
- 제직의 선발기준을 제시하여 각자의 은사에 따라 교회에서 사역하게 한다
- 효과적인 제직 훈련을 통해 사역자를 발굴한다
- 헌신된 소명감으로 각기 맡은 분야에서 교회를 세운다

추천도서
- 『건강한 사역자입니까』, 워렌 W. 위어스비, 디모데, 1998
- 『평범한 그리스도인의 특별한 헌신』, 빌 헐, 디모데, 1999
- 『직장 속의 그리스도인』, 빌 하이빌스, 한세, 1994
- 『예수님을 생각나게 하는 사람』, 필립 얀시, IVP, 1999
- 『비전을 품은 사람들』, 박은영, 하늘사다리, 1997

제직, 교회를 세우는 **기둥**입니다 **제1강**

제직의 의미와 중요성

들어가면서

3세기 수도원운동의 창시자인 성 안토니오(St. Antonius)의 어릴 적 일화입니다.
어느 겨울이었습니다.
하루는 문 밖에서 거지가 떨고 있었습니다.
"내가 아버님께 가서 당신에게 따뜻한 옷을 드리라고 부탁해볼께요."
거지가 대답했습니다.
"날씨가 추운 것은 사실이지만, 나는 옷을 구걸하러 오지 않았습니다."
"그러면 따뜻한 음식을 대접해 드리겠습니다."
"음식을 구걸하러 문을 두드린 것도 아닙니다."
"그러면 왜 우리 집 문을 두드리셨어요?" 안토니오가 묻자 거지가 말했습니다.
"나는 당신의 심장을 달라고 부탁하러 왔습니다."
안토니오는 깜짝 놀라서 뒤로 물러 났습니다.
"제 심장을 드리면 나는 죽을 거예요."
그러자 거지는 어깨에 메고 있던 자루를 내려서
몇 개의 심장을 꺼내보였습니다.
"이것은 바울의 심장이고, 이것은 막달라 마리아의 것이고,
이것은 이그나시우스의 것입니다.
나에게 심장을 준 사람들은 죽기는 커녕 오히려 영원히 살고 있습니다."
안토니오 앞에 서있던 거지는 다름 아닌 예수님이셨습니다.

▷ 왜 예수님은 안토니오에게 심장을 요구하셨을까요?

체크리스트

여러분은 교회성장형 제직인지 스스로 체크해 보십시오.

전혀 아니다 ↔ 매우 그렇다

1. 주일예배를 비롯한 모든 공적인 예배에 빠지지 않고 출석한다.　　1 2 3 4 5

2. 매일 20분 이상 개인적인 기도 시간을 가지고 있다.　　1 2 3 4 5

3. 하루에 3장 이상 성경을 읽고 묵상하는 시간이 있다.　　1 2 3 4 5

4. 주일헌금, 십일조 등의 헌금생활을 성실하게 하고 있다.　　1 2 3 4 5

5. 우리 교회의 제직이라는 것이 자랑스럽다.　　1 2 3 4 5

6. '제직'의 직분은 섬김을 받기 위해서가 아니라 섬기기 위해 주어진 것임을 자각하고 있다.　　1 2 3 4 5

7. 제직으로서 해야 할 일을 기쁘게 감당하는 편이다.　　1 2 3 4 5

8. 교회에서 시키는 일뿐만 아니라 할 일을 찾아서 하고 있다.　　1 2 3 4 5

9. 제직을 위한 성경공부, 제자훈련에는 웬만하면 빠지지 않는다.　　1 2 3 4 5

10. 교회에서만 아니라 가정과 직장, 어디에서든지 '그리스도인답다'는 말을 들으며 생활한다.　　1 2 3 4 5

평가해 보십시오

각 문항마다 체크한 점수를 합산하십시오.

나의 점수 (　　　)점

조 언 _____

제직의 의미와 중요성 1강

성경과의 만남

사도행전 6장 1절부터 7절까지 읽어보십시오.

¹그 때에 제자가 더 많아졌는데 헬라파 유대인들이 자기의 과부들이 그 매일 구제에 빠지므로 히브리파 사람을 원망한대 ²열두 사도가 모든 제자를 불러 이르되 우리가 하나님의 말씀을 제쳐놓고 공궤를 일삼는 것이 마땅치 아니하니 ³형제들아 너희 가운데서 성령과 지혜가 충만하여 칭찬 듣는 사람 일곱을 택하라 우리가 이 일을 저희에게 맡기고 ⁴우리는 기도하는 것과 말씀 전하는 것을 전무하리라 하니 ⁵온 무리가 이 말을 기뻐하여 믿음과 성령이 충만한 사람 스데반과 또 빌립과 브로고로와 니가노르와 디몬과 바메나와 유대교에 입교한 안디옥 사람 니골라를 택하여 ⁶사도들 앞에 세우니 사도들이 기도하고 그들에게 안수하니라 ⁷하나님의 말씀이 점점 왕성하여 예루살렘에 있는 제자의 수가 더 심히 많아지고 허다한 제사장의 무리도 이 도에 복종하니라

1. 본문은 초대교회가 부흥하면서 발생한 문제와 그 문제를 해결한 사건을 다루고 있습니다. 초대교회에서 발생한 문제의 발단은 무엇입니까? (1절, 행 4:35 참조)

2. 이러한 문제들을 사도들이 직접 해결하다보니 그들도 어려움에 처하게 되었습니다. 그것은 무엇입니까? (2, 4절)

   그러자 사도들은 이 문제를 해결하기 위해 어떠한 결정을 내리게 됩니까? (3절)

3. 그래서 결국 초대교회는 7명의 집사를 택하였습니다. 초대교회에서 집사를 선택한 기준은 무엇입니까? (3절, 5절)

4. 그들을 집사로 세울 때 사도들은 어떻게 하였습니까? (6절)

5. 초대교회가 집사를 임명하여 일을 맡기고, 사도들은 자신의 고유한 사역에 전념하게 되자 어떠한 일이 일어났습니까? (7절)

<제직의 의미와 중요성>에 대한 연구

1. 교회의 이중 구조

이 땅의 모든 교회는 이중적 구조를 가지고 있습니다. 즉 그리스도의 몸으로서의 생명체인 동시에 사람의 모임인 조직체입니다. 그것은 마치 예수 그리스도께서 하나님의 속성(신성)과 인간의 속성(인성)을 모두 가지신 인격체인 것과 같은 차원입니다. 그러므로 건강한 교회를 세우기 위해서는 생명체로서의 영적 성장과 조직체로서의 인적 성장이 병행되어야 합니다.

물론 우선순위는 생명체로서의 영적 성장입니다. 그러나 조직체를 위한 인적 성장이 뒷받침되지 않으면 생명체의 성장도 불가능합니다. 조직 때문에 생명이 상처를 받는 일은 결코 하나님께서 원하시는 것이 아닙니다.

그러므로 목회자는 예배를 인도하고 말씀을 전하는 제사장적 사명, 복음을 전하는 선지자적 사명, 영혼을 돌보고 치유하는 목자의 사명뿐만 아니라 교회의 인력과 자원을 효과적으로 관리, 개발, 감독하는 감독자의 사명도 온전히 수행해야 합니다.

2. 제직의 의미

교회마다 제직의 의미와 범위가 조금씩 다릅니다. 목사를 비롯하여 장로, 집사 등 각종 직분자를 총칭할 때 쓰기도 하고, 교회 기관에 소속된 사역자나 직원을 일컬을 때 사용하기도 합니다. 여기에서는 일반적으로 직책의 개념보다는 사역의 개념이 강조된 교회내 평신도 지도자 및 일꾼(Lay Leader, Lay Minister)을 제직으로 정의합니다.

교회에서 제직을 세우기 시작한 것은 초대교회 때부터입니다(행 6:1-7). 사도들의 복음 증거에 힘입어 예루살렘 교회의 성도 수가 날마다

제직의 의미와 중요성 **1강**

늘어나자 예기치 못한 문제들이 하나둘씩 생겨나기 시작했습니다. 그 중에서 특히 가난한 사람들을 구제하는 일에 있어서 시비가 발생했습니다. 기도하고 말씀을 전하는 일에 전념해야 할 사도들이 다른 일로 분주하게 된 것입니다.

이러한 문제를 해결하기 위해 초대교회는 제직을 뽑아 교회를 섬기는 봉사와 사역을 맡기기로 결정했습니다. 그리고 성령과 지혜가 충만하며, 칭찬받는 성도 중에서 일곱 명을 집사로 선택하여 안수한 후 임명했습니다. 이것이 제직의 기원입니다. 우리는 여기서 제직 임명과 관련된 몇 가지 교훈을 얻게 됩니다.

1) 제직 임명에는 기준이 있습니다(3절).
아무나 제직이 되는 것이 아닙니다. 성경은 성령과 지혜가 충만하며, 사람에게 칭찬듣는 일꾼을 제직으로 임명했다고 기록합니다.

2) 제직 임명에는 절차가 있습니다(5절).
사도들이 집사 임명을 공표하자 '온 무리가 이 말을 기뻐하였다' 고 기록되어 있습니다. 모든 성도가 기쁨으로 참여하고 축하할 때 온전한 제직 임명이 이루어집니다.

3) 제직 임명에는 목적이 있습니다(4, 7절).
제직을 임명한 결과 목회자도 본연의 사역에 더 내실을 기할 수 있고, 교회의 성장에도 큰 유익이 있다면 바람직한 제직 임명이 이루어진 것입니다.

3. 충성스러운 제직이 누리는 상급

1) 아름다운 _____를 얻게 됩니다 - 딤전 3:13

2) _____의 담력을 얻게 됩니다 - 딤전 3:13

3) 모든 선한 일에 _____를 맺게 됩니다 - 골 1:10

4) 착하고 충성된 종이란 _____을 듣게 됩니다 - 마 25:21

5) 주인으로부터 _____을 얻게 됩니다 - 마 24:47

6) 영원한 _____을 얻게 됩니다 - 계 22:12

7) 충성한 결과 생명의 _____을 얻게 됩니다 - 계 2:10

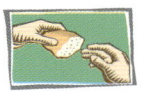 ## 적용하는 시간

1. 지난 한 주간 동안 나에게 일어났던 하나님의 은혜를 나누어 보십시오.

2. 지금까지 〈제직의 의미와 중요성〉에 대해 함께 공부했습니다. 특별히 새롭게 깨닫고 은혜받은 부분이 있으면 조를 이루어 서로 나누는 시간(sharing time)을 가지십시오.

3. 제직 임명의 기준과 절차와 목적은 무엇입니까?

4. 충성스러운 제직이 누리게 될 상급 중 여러분의 가슴에 가장 와닿는 것은 무엇인지 이야기해 보십시오.

5. 〈제직학교〉를 통해서 제직의 사명과 각오를 더욱 다지고, 교회를 위해 봉사하는 사역자로 일하도록 하나님의 도우심을 구하는 기도를 드리십시오.

6. 오늘의 과제 : 독서과제물 배부, 제직에게 주어지는 상급에 관한 성경구절 암송하기(인도자 지정).

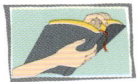 ## 영적성장을 위한 양서

〈건강한 사역자입니까?〉 워렌 W. 위어스비 외, 도서출판 디모데, 1998.

교훈의 샘터

> "하나님의 일은 어떤 것(Something)이 아니라
> 어떤 사람(Someone)에 의해서 성취된다."
>
> – 콜만(R. E. Coleman) –

하나님은 합당한 그릇을 쓰십니다   제2강

제직의 기본 자질

들어가면서

열두 제자를 뽑으신 후 예수님께서 만일
제자들의 자격 심사를 경영연구소에 의뢰하셨다면
아마도 이런 답변을 받으셨을 것입니다.
"귀하가 의뢰하신 열두 명의 이력서를 검토하고,
심리 테스트와 적성 검사를 통해 산출된 결과는 다음과 같습니다.
한 마디로 말하자면 그들은 간부 사원으로는 자격 미달입니다.
학력이 너무 낮고 경험이 부족합니다.
단체 관념이 없고 성격이 너무 과격합니다.
무능력하며 개인의 이익에만 집착합니다. 매사에 부정적입니다.
심지어 불온 사상에 감염되어 있습니다
그런데 귀하가 추천하신 열두 명 중 긍정적인 평가를 받은 사람이 있습니다.
가룟 유다란 사람인데 그는 능력과 지식이 풍부하며,
기업가의 감각과 판단이 있습니다.
사교성도 있고 강한 의욕도 가지고 있습니다.
따라서 본 연구소는 가룟 유다만을 적격자로 추천해 드리는 바입니다."

▷ 그러나 실제로 교회의 터를 닦은 사람들은 유다를 제외한 열한 명의 제자들이었습니다. 그렇다면 제직의 가장 중요한 자질은 무엇이겠습니까?

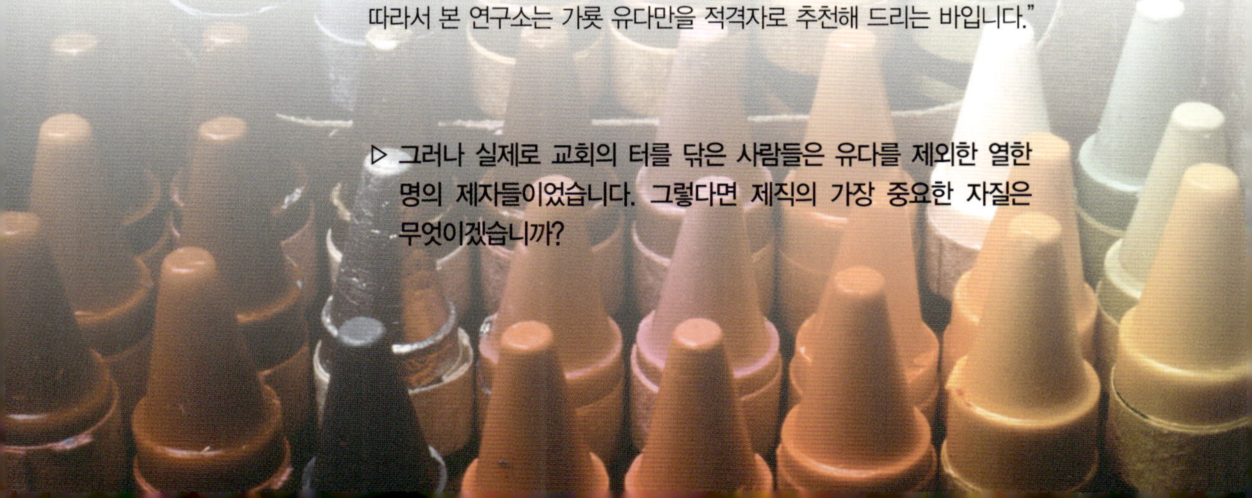

제직으로서 멀리해야 할 5가지 유형

어느 단체나 모임에도 문제와 갈등은 있게 마련입니다. 그러나 고질적으로 문제를 일으키는 사람은 어느 누구에게서도 사랑과 인정을 받을 수 없습니다. 교회 안에서도 마찬가지입니다. 하나님께로부터, 또 사람으로부터 외면과 거부를 당하는 제직만큼 불행한 성도는 없습니다. 그러한 유형을 보편적으로 소개하면 다음과 같습니다.

1. 호전적인 제직
   ➡ 모임에서 논쟁을 즐기고 상대방을 자극하며 사소한 일로 다툼을 일삼는 스타일

2. 이기적인 제직
   ➡ 자신이 관심의 중심이 되기를 원하고 그렇게 되지 못할 경우 문제를 일으키는 스타일

3. 질투심이 강한 제직
   ➡ 목회자가 다른 사람들에게 관심을 갖는 것을 보지 않고 심하면 교회를 떠나기까지 하는 스타일

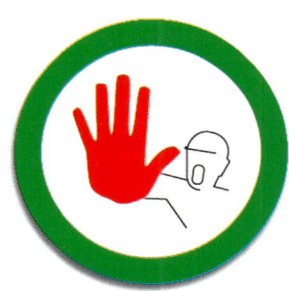

4. 정직하지 못한 제직
   ➡ 책임을 피하기 위해, 또는 자신에 대한 좋은 인상을 심기 위해 습관적으로 거짓말을 하는 스타일

5. 뒤에서 말하는 제직
   ➡ 남의 말 하기를 즐기며, 이따금씩 정직한 제직이나 목회자, 교회에 치명타를 입히는 스타일

➪ 그렇다면 각각의 유형과 정반대의 제직은 어떤 스타일인지 자신의 생각을 빈칸에 적어 보고 발표하는 시간을 가지십시오.

1. 호전적인 제직   ⇦ _____ 제직
2. 이기적인 제직   ⇦ _____ 제직
3. 질투심이 강한 제직 ⇦ _____ 제직
4. 정직하지 못한 제직 ⇦ _____ 제직
5. 뒤에서 말하는 제직 ⇦ _____ 제직

2강 제직의 기본 자질

성경과의 만남

디모데전서 3장 2절부터 10절까지 읽어보십시오.

²그러므로 감독은 책망할 것이 없으며 한 아내의 남편이 되며 절제하며 근신하며 아담하며 나그네를 대접하며 가르치기를 잘하며 ³술을 즐기지 아니하며 구타하지 아니하며 오직 관용하며 다투지 아니하며 돈을 사랑치 아니하며 ⁴자기 집을 잘 다스려 자녀들로 모든 단정함으로 복종케 하는 자라야 할지며 ⁵사람이 자기 집을 다스릴 줄 알지 못하면 어찌 하나님의 교회를 돌아보리요 ⁶새로 입교한 자도 말지니 교만하여져서 마귀를 정죄하는 그 정죄에 빠질까 함이요 ⁷또한 외인에게서도 선한 증거를 얻은 자라야 할지니 비방과 마귀의 올무에 빠질까 염려하라 ⁸이와 같이 집사들도 단정하고 일구이언을 하지 아니하고 술에 인박이지 아니하고 더러운 이를 탐하지 아니하고 ⁹깨끗한 양심에 믿음의 비밀을 가진 자라야 할지니 ¹⁰이에 이 사람들을 먼저 시험하여 보고 그 후에 책망할 것이 없으면 집사의 직분을 하게 할 것이요

1. 본문에서 사도 바울은 그의 제자 디모데에게 올바른 제직의 자격에 대해 교훈하고 있습니다. 1-3절과 8-9절에 나오는 여러 자격들을 분야별로 나누어 정리해 보십시오.

   ① 개인적 인격 :

   ② 대인관계 :

   ③ 가정생활 :

   ④ 교회생활 :

2. 새신자가 교회의 제직이 되지 못하는 이유는 무엇입니까? (6절)

   이를 통해 볼 때 제직은 기본적으로 어떠한 사람이 되어야 함을 알 수 있습니까? (벧전 5:5 참조)

3. 제직을 임명하기에 앞서 어떠한 과정을 가지는 것이 바람직합니까? (10절)

<제직의 기본 자질>에 대한 연구

1. 교회성장형 제직의 자화상

훌륭하고 충성스러운 제직이 교회의 기둥과 같은 역할을 감당하는 교회는 건강하게 성장합니다. 이해 관계나 체면, 일시적 필요에 의해서 세워진 제직은 교회성장에 부정적인 영향을 미칠 수 있습니다. 그렇다면 교회성장형 제직의 모습은 어떠해야 할까요?

1) 담임목회자의 목회철학을 따르는 제직(빌 2:2)

처음부터 담임목회자가 품은 목회철학과 비전에 반대하던 사람은 제직이 되어서도 목회방침에 부정적 입장을 취하기 쉽습니다. 그러므로 성장형 생각, 긍정적인 생각, 열린 마음을 가지고 동일한 목회철학과 목적의식을 품은 성도를 제직으로 삼아야 합니다.

2) 영적 권위에 순종하는 제직(고후 1:20)

순종이 제사보다 낫다는 말씀처럼(삼상 15:22) 건강한 교회는 하나님께서 교회 안에 세워 놓으신 영적인 권위에 대해 모든 성도가 "예"와 "아멘"으로 순종하는 분위기가 지배적입니다.

3) 교회와 목회자를 위해 기도하는 제직(살전 5:25)

교회와 목회자를 위해 기도하는 제직은 자연스럽게 교회와 목회자를 사랑하고 지원하는 마음을 갖게 됩니다. 사회적으로 명망과 경제력이 있는 제직보다는 기도하는 제직이 많아야 합니다.

4) 은사가 분명한 제직(벧전 4:10)

교회성장형 제직이 되려면 믿음과 인격을 갖추어야 할 뿐만 아니라 자신의 은사에 대한 분명한 지식이 있어야 합니다. 주어진 직분이 자신의 은사에 적합할 때 보다 더 큰 열매를 맺을 수 있습니다. 자신의 은사와 직분이 꼭 맞는 제직이야말로 가장 행복한 일꾼입니다.

5) 기본적인 신앙 의무를 다하는 제직(겔 18:9)

주일성수와 십일조 생활 등은 제직의 기본적인 의무요 외적 헌신의 표현입니다. 신앙의 기본이 안 된 상태에서 무조건 직분부터 맡으려 한다면 교회도, 목회자도, 나아가서는 본인도 불행해질 뿐입니다.

2. 일꾼에게 허락하신 하나님의 자원

하나님은 일을 맡기실 때 그 일을 감당할 수 있는 자원도 함께 주십니다. 제직으로 교회를 섬기는 자들에게 하나님께서는 다음 중 적어도 한 가지 이상의 자원을 허락하셨습니다.

1) 물적 자원(신 8:18)

교회가 물질만 가지고 성장하는 것은 물론 아닙니다. 그렇지만 주님의 일을 하려면, 또 하다보면 물질이 필요할 때가 있습니다. 이럴 때 하나님은 충성스런 일꾼, 주의 일을 기대하는 일꾼에게 물질의 복을 주시어 교회를 더 복되게 섬기도록 역사하십니다.

2) 인적 자원(삿 7:7)

물적 자원 못지 않게 중요한 것이 인적 자원입니다. 혼자서 일하다가 지쳐서 넘어지는 것은 결코 하나님의 뜻이 아닙니다. 주님께서도 필요한 일꾼을 구하라고 말씀하셨습니다(마 9:37). 그런데 충성스러운 일꾼에게는 사람이 따르기 마련입니다. 여러 사람이 일하되 탁월한 지도력 하에 일사불란하게 움직이는 은혜를 체험하게 됩니다.

3) 영적 자원(딤전 3:13; 롬 8:32)

교회내에서 지도자의 역할을 수행하기 위해 필요한 대표적인 영적 자원은 믿음과 은사입니다. 믿음은 교회의 터전이 되며, 미래의 비전을 제조합니다. 하나님은 믿음의 거장들에게 교회를 맡기십니다. 믿음의 역사로 교회의 중요한 일들이 이루어집니다.

은사는 교회의 유익을 위해 주어진 영적인 능력입니다. 교회의 다양한 사역들을 성공적으로 수행하려면 자신의 은사를 발견하고 그 은사에 맞게 사역하는 구조가 되어야 합니다.

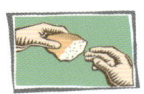 **적용하는 시간**

1. 지난 한 주간 동안 나에게 일어났던 하나님의 은혜를 나누어 보십시오.

2. 지금까지 〈제직의 기본 자질〉에 대해 함께 공부했습니다. 특별히 새롭게 깨닫고 은혜받은 부분이 있으면 조를 이루어 서로 나누는 시간(sharing time)을 가지십시오.

3. 교회를 성장시키는 제직의 자화상을 정리해 보십시오.

4. 하나님께서 일꾼에게 허락하신 3가지 자원들 가운데 자신에게 해당하는 자원은 무엇이라고 생각하십니까?

5. 사람에게 인정받을 뿐 아니라, 하나님께 더욱 인정받는 제직이 될 수 있도록 하나님의 도우심을 구하는 기도를 드리십시오.

6. 오늘의 과제 : 자신이 어떤 유형의 제직인지 알아보고 그것을 극복하기 위해 어떤 노력을 기울일 것인지 다짐을 적어오기.

 **영적성장을 위한 양서**

〈회복의 신앙〉 이재철, 홍성사, 1999.

교훈의 샘터

> 우리 삶에 있어서 중요한 것은 일이 아니라 열매이다.
> 문제는 "나에게 남겨진 시간 동안 얼마나 많은 일을 할 수 있을까?"가 아니라
> "나의 삶에 풍성한 열매를 맺을 수 있도록 어떻게
> 하면 내 자신을 주님께 복종시킬 수 있을까?"라는 것이다.
>
> — 헨리 나우웬 —

제직은 **청지기**요 **일꾼**입니다 **제3강**

제직의 사명과 임무

들어가면서

해방되기 전 함경도 어느 도시에 한 여자 거지가 있었습니다.
젊은 여자인데 남루한 옷을 입고 이 집 저 집을 기웃거리며
구걸하고 다니자 사람들은 멀쩡한 사람이
왜 거지가 되었느냐며 욕설을 퍼부었습니다.
그런데도 그녀는 한 번도 화를 내는 일이 없이
그저 싱글벙글 웃기만 하였습니다.
그래서 그녀는 마을 사람들로부터
미친 사람으로 낙인찍히고 말았습니다.

그렇게 세월이 흘러 8·15 해방이 되었습니다.
그러자 그곳에 소련군이 주둔하게 되었습니다.
그런데 한동안 보이지 않던 이 여자 거지가
소련군 장교복을 입고 나타난 것입니다.
사람들은 모두 깜짝 놀라고 말았습니다.
그녀는 거지가 아니라 소련군 특수요원이었던 것입니다.

▷ 이 여자가 자신을 조롱하는 사람들 앞에서 태연할 수 있었던 이유는 소련 장교로서의 자부심과 어떠한 상황에서도 임무를 완수하려는 사명의식이 있었기 때문입니다.

제직학교 LAY LEADERS TRAINING SCHOOL

성경에 등장하는 제직들의 유형입니다. 올바르게 연결해 보십시오.

스데반 / **브리스길라와 아굴라** / **디모데** / **에스더** / **바나바**

[스데반] 그는 어릴 적부터 가정에서 말씀으로 양육을 받으며 자란 신실한 주님의 자녀입니다. 바울을 만나 그의 양육을 받으며 사역자로 키워졌고, 바울의 사역에 중요한 동역자로 서게 됩니다.

[브리스길라와 아굴라] 그는 예수님을 따라다니던 무리 중의 한 사람이었습니다. 그의 성령충만한 믿음과 바른 행실은 무리 중에서도 칭찬을 받았고, 후에 일곱 명의 집사 가운데 포함되었습니다. 그는 믿음을 따라 주어진 일을 감당했으며, 복음을 전파하다가 초대교회 최초의 순교자가 되었습니다.

[디모데] 장막 만드는 일을 했던 평범한 사람들이었으나 사도 바울과 교제하면서 자신들의 집을 예배 처소로 내어놓는 등 그의 사역을 헌신적으로 도왔습니다. "저희는 내 목숨을 위하여 자기의 목이라도 내어 놓았나니 나뿐 아니라 이방인의 모든 교회도 저희에게 감사하느니라" 바울의 고백입니다.

[에스더] 그의 본래 이름은 요셉이며, 초대교회에 영향력 있는 지도자 중의 한 사람이었습니다. 사울이 회심하여 바울이 되었지만 아직 어떤 사도도 그를 만나기 두려워하던 때에 그는 바울을 만났습니다. 그리고 그를 다른 사도들에게 소개하고 교회에서 사역할 수 있도록 도왔습니다.

[바나바] 부모님도 없이 친척의 손에서 자라났지만 후에 아하수에로 왕의 왕비가 되는 자리에 오르게 되었습니다. 그러나 그는 자신의 권력과 위치에 안주하지 않았습니다. 자신의 민족인 유대인이 위기에 처했을 때, 목숨을 걸고 왕에게 간구하여 유대민족을 구했습니다.

다른 사람보다 좋은 위치에 있다고 생각하십니까? 다른 사람보다 많은 힘을 가지고 있다고 생각하십니까? 그 힘과 위치를 자랑하지 마십시오. 겸손히 기다리십시오. 그 힘과 위치가 주님을 위해 쓰일 날이 있을 것입니다. 그 시간을 위해 준비하십시오.

건강하게 양육된 사람은 다른 지체들과의 동역에서도 겸손하게 자신이 해야 할 바를 찾아 섬깁니다. 그리고 사역 중에도 계속 양육을 받는 일이 필요합니다. 함께 봉사하고 있는 지체들과의 관계는 어떠십니까? 주님안에서 서로를 세우는 봉사는 아름답습니다.

항상 성령충만하고 은혜가 충만했던 그분의 신앙은 많은 성도들에게 도전을 줍니다. 주님을 향한 사랑과 열정으로 가득할 때 자연스럽게 우러나는 모습이 헌신입니다. 여러분 주변에는 이런 분들이 있으십니까? 또 여러분의 자세는 어떻다고 생각하십니까?

숨겨진 일꾼을 발견하신 적이 있으십니까? 그럴 때 나보다 일을 잘 해낼까봐 추천하기를 두려워하신 적은 없으신가요? 교회는 그리스도의 몸입니다. 몸의 각 부분이 유기적으로 원활하게 활동할 때 건강은 유지됩니다. 일꾼을 세우십시오. 여러분의 교회가 자라는 모습을 보게 될 것입니다.

주님 안에서 돕고자 하는 사역자가 있으십니까? 열심을 내십시오. 그러나 한 가지 주의할 것이 있습니다. 이들의 바울과의 동역은 바울 개인에게만이 아니라 온 교회의 칭찬을 받을만한 일이었다는 것입니다. 사역자를 돕는 일도 전체 교회의 질서 안에서 이루어지는 것이 바람직합니다.

여러분은 이 가운데 어느 유형에 해당되십니까?

3강 제직의 사명과 임무

성경과의 만남

고린도전서 3장 22절부터 4장 6절까지 읽어보십시오.

²²바울이나 아볼로나 게바나 세계나 생명이나 사망이나 지금 것이나 장래 것이나 다 너희의 것이요 ²³너희는 그리스도의 것이요 그리스도는 하나님의 것이니라 ¹사람이 마땅히 우리를 그리스도의 일꾼이요 하나님의 비밀을 맡은 자로 여길지어다 ²그리고 맡은 자들에게 구할 것은 충성이니라 ³너희에게나 다른 사람에게나 판단 받는 것이 내게는 매우 작은 일이라 나도 나를 판단치 아니하노니 ⁴내가 자책할 아무 것도 깨닫지 못하나 그러나 이를 인하여 의롭다 함을 얻지 못하노라 다만 나를 판단하실 이는 주시니라 ⁵그러므로 때가 이르기 전 곧 주께서 오시기까지 아무 것도 판단치 말라 그가 어두움에 감추인 것들을 드러내고 마음의 뜻을 나타내시리니 그 때에 각 사람에게 하나님께로부터 칭찬이 있으리라 ⁶형제들아 내가 너희를 위하여 이 일에 나와 아볼로를 가지고 본을 보였으니 이는 너희로 하여금 기록한 말씀 밖에 넘어가지 말라 한 것을 우리에게서 배워 서로 대적하여 교만한 마음을 먹지 말게 하려 함이라

1. 본문에는 바울(아볼로, 게바)과 같은 일꾼, 고린도 교회 교인, 그리스도, 하나님과의 상관관계가 어떻게 소개되어 있습니까? 해당 부분을 적어보십시오. (22-23절)

2. 본문에서 바울은 자신을 그리스도의 일꾼이요, 하나님의 비밀을 맡은 청지기로 소개하고 있습니다(1절). 그렇다면 그러한 직분을 맡은 자들이 갖추어야 할 덕목은 무엇입니까? (2절)

3. 하나님의 일꾼은 쉽게 자신과 다른 사람을 판단해서는 안됩니다. 그 이유는 무엇입니까? (4-5절)

　　이 땅의 유일한 판단자는 누구십니까? (4절 下)

4. 주님의 일을 하다가 서로 대적하게 되거나 교만한 마음을 갖지 않으려면 무엇을 우리의 판단 기준과 행동 지침으로 삼아야 합니까? (6절)

주제 연구

1. 청지기로서의 제직

제직은 달리 청지기(steward)라 말할 수 있습니다(딛 1:7). 이를 헬라어로는 '오이코노모스'(Oikonomos)라고 합니다. 이 말은 재산을 많이 가진 사람이 자신의 재산을 관리하기 위해 고용한 관리인을 지칭할 때 사용하는 단어입니다. 그 안에는 몇 가지 의미가 담겨져 있습니다.

① 상속자(창 15:2)
② 대리자(창 39:4-5)
③ 보관자(대상 29:14)
④ 봉사자(눅 8:3)
⑤ 분배자(행 4:32)

즉 제직은 주인의 소유와 재산을 감독하고 운영하는 관리인입니다. 지혜롭고 신실한 청지기는 네 가지 의식으로 충만한 사람입니다.

1) 정체의식(Who)

정체의식은 자신의 위치를 올바로 분별하는 지혜를 말합니다. 우리는 모두 한 하나님을 주인으로 섬기고 있습니다. 천지 만물도(히 3:4), 인간도(시 95:6), 교회도(고전 1:2) 그 주인은 하나님이십니다. 우리는 하나님의 것을 단지 올바로 관리하고 이윤을 남기는 대리인일 뿐입니다.

2) 책임의식(How)

책임의식은 거룩한 주인정신으로 주어진 사명을 완수하려는 의지와 노력을 뜻합니다. 하나님은 태초에 인간을 창조하시고 만물을 다스리도록 주권과 책임을 부여하셨습니다(창 1:28). 그 책임은 오늘날도 유효합니다. 세상에서는 소금과 빛이 되고, 교회 안에서는 주어진 직분에 따라 자기의 책임과 주어진 사명을 다하는 사람이 교회를 능력있게 이끌어 갈 수 있습니다.

3) 사명의식(What)

청지기는 하나님으로부터 그 집을 관리하라는 사명을 받은 사람입니다. 이에 따라 제직은 하나님의 일을 한다는 사명감을 철저하게 가져야 합니다. 예수님은 무익한 종의 비유를 통해 하나님의 종들이 가져야 할 사명과 자세를 교훈해 주셨습니다(눅 17:7-10).

4) 목적의식(Why)

제직은 자신의 주장과 생각이 아닌 주인의 뜻을 따르기로 결심한 자들입니다. 그러므로 하나님께 영광을 돌리고 교회에 유익을 끼치기 위해 최선을 다해야 합니다. 자기 행실을 마태복음 6장 33절에 비추어 그 목적에 맞는가 살펴보는 지혜가 필요합니다.

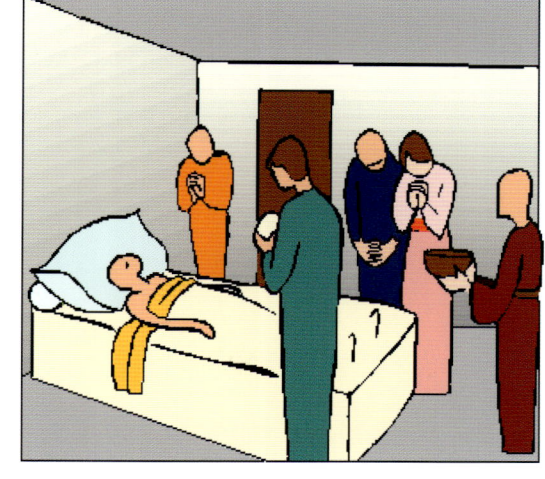

2. 교회 안에서 제직의 임무

1) 협력자(빌 2:25)

많은 목회자들이 사역하면서 공통적으로 갖는 생각은 '혼자서 일한다' 는 의식입니다. 그러므로 제직은 이러한 목회자를 이해하고 그를 도와 교회를 섬기려는 마인드를 가져야 합니다. 목회의 조력자(assistant)요 협력자(cooperator)가 되어야 하는 것입니다.

2) 교제자(몬 1:6)

성도의 교제는 주님의 뜻입니다. 교제가 사라지면 교회의 연합이 깨어지고 맙니다. 교회에 먼저 발을 들여놓은 자로서 제직들이 앞장서서 믿음과 사랑의 교제를 나누면 그만큼 신앙의 후배들이 믿음 안에서 온전히 서갈 수 있게 됩니다.

3) 헌신자(빌 4:16)

주님의 지상계명(the great Commandment; 마 22:37-40)과 지상명령(the great Commission; 마 28:19-20)은 헌신(the great Commitment)으로 이루어 집니다. 그럴 때 위대한 교회(the great Church), 위대한 성도(the great Christian)가 세워집니다.

4) 전도자(행 8:5)

교회의 지상 최대 사명은 복음전도입니다. 제직으로서 교회를 섬기고 주님의 일을 하는 궁극적인 목적도 결국 영혼구령을 효과적으로 수행하기 위한 것으로 모아져야 합니다.

5) 홍보자(살전 1:8)

그리스도를 자랑하는 제직, 교회를 자랑하는 제직, 목회자를 자랑하는 제직, 성도를 자랑하는 제직이 많은 교회는 건강한 교회입니다. 건강하면 성장합니다.

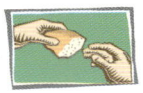 **적용하는 시간**

1. 지난 한 주간 동안 나에게 일어났던 하나님의 은혜를 나누어 보십시오.

2. 지금까지 〈제직의 사명과 의무〉에 대해 함께 공부했습니다. 특별히 새롭게 깨닫고 은혜받은 부분이 있으면 조를 이루어 서로 나누는 시간(sharing time)을 가지십시오.

3. 지혜롭고 신실한 청지기가 되기 위해서 필요한 4가지 의식을 정리해 보십시오. 그리고 자신에게 가장 부족한 의식은 무엇인지 서로 이야기해 보십시오.

4. 교회 안에서 제직의 5가지 임무에 대해 복습해 보십시오.

5. 스스로 제직의 사명과 임무에 충실하고 있는지 묵상해 보십시오. 그런 후 다시 사명감에 불타는 제직으로 변화될 수 있도록 기도드리는 시간을 가지십시오.

6. 오늘의 과제 : 성경 속에 나타난 제직의 유형 중 하나를 택해서 그의 사역과 특징을 집중적으로 연구하여 발표하기.

 **영적성장을 위한 양서**

〈목사님, 힘내세요!〉 H. B. 런던, 닐 와이즈먼 공저, 생명의 말씀사, 1999.

교훈의 샘터

청지기 신조(CREED)

나는 헌신을 기뻐하는 일꾼이다! (Commitment)
나는 열매를 기대하는 일꾼이다! (Result)
나는 최선을 경주하는 일꾼이다! (Endeavor)
나는 지체를 세워주는 일꾼이다! (Equip)
나는 주님을 사모하는 일꾼이다! (Devotion)

좋은 제직은 **훈련**으로 만들어집니다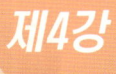

제직의 선발과 훈련

들어가면서

어떤 목사님이 목회자가 되기 전 직장생활을 하실 때의 일입니다.
목사님은 당시 유대인 회사에 다녔는데
새벽에 집을 나가 하루 종일 쉴 틈 없이 일하고
집에 들어오면 어김없이 밤 12시가 되었습니다.
견디다 못해 목사님은 유대인 책임자에게 면담을 신청하였습니다.
그러자 그 유대인은 목사님에게 이런 말을 해주었습니다.
"미스터 리, 집에서 편안하게 지내던 청년을 국가에서 불러냅니다.
철모를 씌우고, 배낭과 총을 메게 하고, 군화를 신게 한 다음 뛰게 합니다.
한 달 정도 그렇게 훈련을 시키면 그들은 무리없이 뛰게 됩니다.
그리고 6개월이 지나면 그들은 뛰면서도
그 무거운 장비의 무게를 느끼지 않습니다.
내가 지금 미스터 리의 상관일 수 있는 것은,
나 역시 그런 훈련을 거쳤기 때문입니다."

▷ 지도자가 된다는 것은 그만큼 인내와 연단을 이겨내야 함을 뜻합니다. 하나님의 일꾼도 마찬가지입니다. 믿음과 헌신의 훈련만이 여러분을 지도자로 이끌 수 있습니다.

제직학교 LAY LEADERS TRAINING SCHOOL

성경에 등장하는 부정적인 제직의 유형입니다. 올바르게 연결해 보십시오.

가룟유다

그의 일생이 어떠했는지는 잘 알려져 있지 않지만 한 가지 분명한 사실은 그가 한 때 사도 바울의 사역을 돕는 동역자였다는 것입니다.

그러나 그는 세상을 사랑하여 바울을 떠나고 맙니다.

데마

사사 시대 엘리 대제사장의 아들들이었지만 하나님을 두려워하지 않았던 이 두 사람은 성소에서 드려지는 제사를 멸시했으며, 수종드는 여인들과 간음을 행하고, 재물에 욕심을 내는 등 갖은 죄를 범함으로 결국 심판을 받아 죽게 되었습니다.

후메내오와 알렉산더

이들 부부는 주님의 제자가 되고자 하는 무리에 속해 있었던 사람들이었습니다.

그러나 자신의 소유물을 팔아 헌금을 하면서 거짓을 행하여 교회와 성령을 속였고, 죄의 열매를 거두게 되었습니다.

홉니와 비느하스

그는 원래 예수님의 열두 제자 가운데 한 사람으로 돈궤를 담당할 정도로 똑똑한 사람이었습니다.

그러나 은 30냥에 예수님을 배반했으며, 후에 양심의 가책을 받아 자살했습니다.

아나니아와 삽비라

한 때 바울 주변에 있었던 사람들이지만 그들에 대한 바울의 결론적인 평가는 '믿음이 파선한 자들' 이었습니다.

그들의 악한 말은 독한 창질의 썩어져감과 같았으며, 바울에게 많은 해를 입혔습니다.

하나님 앞에서의 거짓은 참으로 어리석은 행동입니다. 교회와 지체를 향한 거짓은 곧 하나님을 향한 것과 같습니다.

하나님은 결코 속지 않으십니다. 무엇을 포장하고자 하십니까? 주님 앞에 정직한 모습처럼 아름답고 위대한 것은 없습니다.

어떤 사람들은 마치 권위가 자신의 힘(power)인 것으로 오해합니다. 그러나 모든 직분과 그 직분에 따르는 권위는 하나님으로부터 주어지는 것이며, 각 권위에는 그에 합당한 책임이 있습니다. 자신에게 주어진 권위를 남용하지 말고, 열심을 내어 교회를 섬기십시오.

세상의 유혹을 이기기란 쉽지 않습니다. 아무리 훌륭한 사람과 동역을 하고 있다고 해도 내 자신이 믿음에 서 있지 않으면 세상으로 나가기 쉽습니다.

내가 돕고 있는 사람이 얼마나 훌륭한 사람인가보다는 내가 어떠한 상태에 있는가를 늘 점검하십시오.

교회 사역에 도움이 되는 신실한 동역자가 있는가 하면 반대로 악을 행하고 덕을 끼치지 못하는 자들도 있습니다.

바울은 이들의 악함을 표현하는 한 가지 방법으로 그들의 언어를 지적했습니다. 주님 안에서의 성결한 언어와 행동은 그 자체가 교회를 세웁니다.

어떤 모임에서든지 회계를 맡는 것은 중요한 '자리' 입니다. 그러나 '자리' 는 마음을 지켜주지 못합니다.

오히려 '자리' 가 마음을 빼앗아갈 수 있습니다. 그러므로 우리의 눈이 무엇을 바라보고 있는지 늘 점검해야 합니다.

여러분의 마음 가운데 이런 요소들이 있지는 않은지 점검해 보십시오.

제직의 선발과 훈련 4강

성경과의 만남

출애굽기 18장 13절부터 22절까지 읽어보십시오.

¹³이튿날에 모세가 백성을 재판하느라고 앉았고 백성은 아침부터 저녁까지 모세의 곁에 섰는지라 ¹⁴모세의 장인이 모세가 백성에게 행하는 모든 일을 보고 가로되 그대가 이 백성에게 행하는 이 일이 어찜이뇨 어찌하여 그대는 홀로 앉았고 백성은 아침부터 저녁까지 그대의 곁에 섰느뇨 ¹⁵모세가 그 장인에게 대답하되 백성이 하나님께 물으려고 내게로 옴이라 ¹⁶그들이 일이 있으면 내게로 오나니 내가 그 양편을 판단하여 하나님의 율례와 법도를 알게 하나이다 ¹⁷모세의 장인이 그에게 이르되 그대의 하는 것이 선하지 못하도다 ¹⁸그대와 그대와 함께한 이 백성이 필연 기력이 쇠하리니 이 일이 그대에게 너무 중함이라 그대가 혼자 할 수 없으리라 ¹⁹이제 내 말을 들으라 내가 그대에게 방침을 가르치니 하나님이 그대와 함께 계실지로다 그대는 백성을 위하여 하나님 앞에 있어서 소송을 하나님께 베풀며 ²⁰그들에게 율례와 법도를 가르쳐서 마땅히 갈 길과 할 일을 그들에게 보이고 ²¹그대는 또 온 백성 가운데서 재덕이 겸전한 자 곧 하나님을 두려워하며 진실무망하며 불의한 이를 미워하는 자를 빼서 백성 위에 세워 천부장과 백부장과 오십부장과 십부장을 삼아 ²²그들로 때를 따라 백성을 재판하게 하라 무릇 큰 일이면 그대에게 베풀 것이고 무릇 작은 일이면 그들이 스스로 재판할 것이니 그리하면 그들이 그대와 함께 담당할 것인즉 일이 그대에게 쉬우리라

1. 본문에는 모세가 광야에서 이스라엘 백성을 재판(치리)하는 장면이 등장합니다. 옳고 그름을 판정 받기 위해 모세에게 나아오는 이스라엘 백성의 규모는 어느 정도였습니까? (13-14절)

2. 이런 모습을 옆에서 지켜본 모세의 장인 이드로의 반응은 어떠했습니까? (17-18절)

   이것을 오늘날 교회의 상황에 적용한다면 어떻게 설명할 수 있겠습니까?

3. 이드로가 모세에게 제시한 해결책은 무엇입니까? (21-22절)

4. 부장이 되기 위해 구체적으로 갖추어야 할 4가지 요건을 적어 보십시오. (21절)

<제직의 선발과 훈련>에 대한 연구

1. 복수 리더십 개발

한 신학자는 오늘날 무기력한 교회의 모습을 축구 경기장에 비유한 적이 있습니다. 그는 "열심히 뛰어야 할 선수들은 선수석에 앉아 환호성을 지르며 구경을 하고 있는 반면에 정작 절대적으로 휴식을 취해야 할 코치는 운동장에서 혼자 뛰며 탈진하여 쓰러져 있다"고 말했습니다.

즉 예배나 모임에 참석한 성도들은 구경꾼이 되고, 목회자는 너무 많은 사역에 시달려 지쳐 있는 모습이 오늘날 많은 교회의 현실이라는 것입니다. 교회성장을 위해 선수로 뛰어야 할 성도가 구경꾼으로, 지도자의 역할을 수행해야 할 목회자는 선수가 되어 몸과 마음이 망가질 정도로 뛰는 한 교회는 절대로 건강하게 성장할 수 없습니다.

목회자 리더십과 함께 평신도 리더십이 상호 공존하는 복수 리더십(multiple leadership)을 개발해야 합니다. 제직들의 관심과 협조를 얻어내고 그들을 교회성장의 실질적인 사역자로 만들기 위해서는 제직을 교회성장형 지도자로 세우는 것이 필요합니다.

2. 제직의 선발

평신도 지도자인 제직을 제대로 선발하는 일은 교회성장을 위해 꼭 필요한 일입니다. 사사로운 인정이나 체면, 일시적 이익이 제직의 선발 기준이 되는 것만큼 불행한 일은 없습니다.

제직을 선발함에 있어서 가장 중요한 기준은 무엇보다 성경말씀입니다. 출애굽기 18장, 사도행전 6장, 그리고 디모데전서와 디도서를 참조하는 것이 바람직합니다.

성경 말씀에 부합되는 사람을 제직으로 선발한다면 교회는 획기적으로 변화되고 말 것입니다. 너무 쉽게 제직을 임명하는 풍토를 잠재우게 될 것입니다. 성도들이 제직을 바라보는 시각에 엄청난 변화가 있게 될 것입니다. 그렇게 되면 교회는 고품질과 건강을 유지하게 되고 그 결과 성장의 역사가 나타나게 됩니다.

3. 제직의 훈련

제직의 선발 못지않게 훈련과 양육이 중요합니다. 특히 제직은 교회의 중추적 역할을 맡고 있으므로 끊임없는 훈련과 양육이 필요합니다. 목회자가 성장하는 만큼 제직이 성장하고, 제직이 성장하는 만큼 교회 전체가 성장합니다.

1) 목적

제직 훈련의 최종 목표는 교회 차원에서는 그리스도의 몸을 세우는 것이며(엡 4:12), 개인 차원에서는 그리스도의 장성한 분량에 이르는 것입니다(엡 4:13). 일반적으로 제직훈련을 하는 목적은 다음과 같습니다.

① 일꾼 양성 - 훈련은 단적으로 좋은 일꾼, 충성된 일꾼을 만들기 위함입니다.
② 직무 수행 - 모든 성도에게는 하나님과 교회를 위해 봉사해야 할 자격과 의무가 있습니다.
③ 교회 성장 - 제직 훈련의 결과 교회가 성장하고 부흥해야 합니다.

2) 방법

제직 훈련의 방법은 각 교회의 특성과 상황에 맞게 선택하는 것이 올바릅니다. 한적한 장소를 빌려 2-3일간 합숙하면서 훈련할 수도 있고, 3-4주간 주일 저녁예배 시간을 통해 훈련하는 방법도 있습니다. 중요한 것은 계획을 갖고, 지속적으로, 균형있는 훈련을 가져야 한다는 점입니다. 일반적인 훈련 프로그램을 소개하면 다음과 같습니다.

① 사역자 수련회 - 특별한 장소에서 시간을 내어 훈련을 받습니다.
② 제직 세미나 - 특별 강사를 초빙하여 강의와 토론 형식으로 진행합니다.
③ 사역자 훈련학교 - 해당 사역을 전문적으로 훈련하고 교육받는 과정입니다.
④ 심령부흥회 - 영적인 재무장과 성령충만을 위해 기도 중심으로 모입니다.
⑤ 정기 제직회 - 정기적인 모임을 회의보다는 훈련의 시간으로 갖습니다.

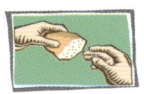 **적용하는 시간**

1. 지난 한 주간 동안 나에게 일어났던 하나님의 은혜를 나누어 보십시오.

2. 지금까지 〈제직의 선발과 훈련〉에 대해 함께 공부했습니다. 특별히 새롭게 깨닫고 은혜받은 부분이 있으면 조를 이루어 서로 나누는 시간(sharing time)을 가지십시오.

3. 제직 훈련의 목적은 무엇인지 정리해 보십시오.

4. 우리 교회의 제직 선발 및 훈련을 성경 말씀(출애굽기 18장, 사도행전 6장, 디모데전서, 디도서 등)에 비추어 볼 때 도전이 되는 부분이 있다면 무엇이라고 생각하십니까?

5. 우리 교회에 훌륭한 일꾼들이 계속해서 채워지고, 귀하게 쓰임받을 수 있도록 다 함께 기도드리십시오.

6. 오늘의 과제 : 디모데전서 3장을 읽고 제직으로서 갖추어야 할 요건들을 정리해 오기.

 **영적성장을 위한 양서**

〈여호와를 경외하라〉 존 버벨, 크레도, 1999.

교훈의 샘터

> 하루를 훈련하지 않으면 나 자신이 차이를 알고,
> 이틀을 훈련하지 않으면 내 가족이 차이를 알고,
> 사흘을 훈련하지 않으면 내 친구들이 알고,
> 일주일을 훈련하지 않으면 모두가 알게 된다.
>
> - M. 볼렌 -

은사를 통해 일해야 행복합니다.

제직의 은사개발

들어가면서

목공소의 연장들이 한자리에 모여 회의를 했습니다.
그날의 사회자는 '망치'였습니다.
그런데 회원 중의 몇몇이 "망치는 항상 깨고 부수고
늘 소란스러우니 여기서 떠나야 한다"고 주장했습니다.
그 말을 들은 망치는 '대패'도 같이 떠나야 한다고 했습니다.
대패가 하는 일은 늘 남의 껍질을 감싸기보다는 벗기기 때문이라는 것입니다.
화가 난 대패는 '자'를 보고
"너는 항상 자기만 옳다고 하고 남을 측량하기 때문에 은혜롭지 못해" 하며
함께 나가야 한다고 주장했습니다.
옆에서 조용히 듣고 있던 '자'도 "그렇게 말한다면
여기 있는 '톱'도 연합 운동보다는 분리 운동만 하고 있으니
필요없지 않습니까?" 라고 말하는 것입니다.

이렇게 한창 다투고 있을 때 목수가 들어왔습니다.
그리곤 아무 말 없이
모든 연장들을 동원해 아름다운 강단을 만들기 시작했습니다.
약점만 있는 줄 알았던 연장들은
서로가 좋은 일에 쓰임받는 사실에 감탄하면서 좋아했습니다.
"알고보니 우리 모두가 쓸모 있는 존재들이었군."

▷ 우리에게도 훌륭한 목수가 계십니다. 그분이 누구십니까?

성경에 나타난 은사의 원리입니다. 올바르게 연결해 보십시오.

자신의 은사를 제대로 발휘하는 교회성장형 제직이 되려면 우선적으로 성경에 나타난 은사의 원리를 정확하게 이해해야 합니다. 주님께서는 마태복음 25장의 달란트 비유를 통해서 '여섯 가지 은사 원리'를 우리에게 가르쳐 주셨습니다.

1. 소유권의 원리	"맡김과 같으니" (14절)	소유권은 하나님께 있지만 그것을 맡아서 쓸 수 있는 점유권은 우리 인간에게 주어진 것입니다.
2. 점유권의 원리	"자기 소유를" (14절)	하나님은 각자에게 최선의 것으로 은사를 분배해 주십니다. 그러므로 불평하지 말고 감사하십시오.
3. 분배의 원리	"그 재능대로 … 주고" (15절)	은사의 소유권은 인간이 아닌 하나님께 있습니다. 아무리 위대한 은사라도 그 주인은 하나님이십니다.
4. 충성의 원리	"회계할새" (19절)	은사를 받았으면 최선을 다해 충성하는 것이 주님의 뜻입니다. 은사를 따라 충성할 때 열매를 맺습니다.
5. 활용의 원리	"착하고 충성된 종아" (23절)	하나님께서는 나중에 우리가 성령의 은사와 하나님의 자원을 효과적으로 사용했는지 평가하십니다.
6. 청산의 원리	"그것으로… 남기고" (16절)	은사는 그것을 사용하여 열매를 맺도록 주신 것입니다. 받은 은혜를 남에게 전달하여 열매를 남기십시오.

하나님께서는 무조건 충성하는 것보다 지혜있고 규모있는, 효과적인 충성을 원하십니다. 착하고 충성된 종은 확실한 열매와 그에 따른 칭찬으로 인정받아야 합니다.

제직의 은사개발 5강

성경과의 만남

민수기 7장 1절부터 9절까지 읽어보십시오.

¹모세가 장막 세우기를 필하고 그것에 기름을 발라 거룩히 구별하고 또 그 모든 기구와 단과 그 모든 기구에 기름을 발라 거룩히 구별한 날에 ²이스라엘 족장들 곧 그들의 종족의 두령들이요 그 지파의 족장으로서 그 계수함을 입은 자의 감독된 자들이 예물을 드렸으니 ³그들의 여호와께 드린 예물은 덮개 있는 수레 여섯과 소 열둘이니 족장 둘에 수레가 하나씩이요 하나에 소가 하나씩이라 그것들을 장막 앞에 드린지라 ⁴여호와께서 모세에게 일러 가라사대 ⁵그것을 그들에게서 받아 레위인에게 주어 각기 직임대로 회막 봉사에 쓰게 할지니라 ⁶모세가 수레와 소를 받아 레위인에게 주었으니 ⁷곧 게르손 자손들에게는 그 직임대로 수레 둘과 소 넷을 주었고 ⁸므라리 자손들에게는 그 직임대로 수레 넷과 소 여덟을 주고 제사장 아론의 아들 이다말로 감독케 하였으나 ⁹고핫 자손에게는 주지 아니하였으니 그들의 성소의 직임은 그 어깨로 메는 일을 하는 까닭이었더라

1. 본문은 이스라엘 백성이 광야에서 성막 세우기를 마치자(1절), 열두 지파 족장들이 여호와 하나님께 예물을 드린 것에 관한 기록입니다. 드린 예물의 종류는 무엇 무엇입니까? (3절)

2. 하나님께서는 모세에게 족장들이 드린 예물을 누구에게 주어, 어떻게 사용하도록 명령하셨습니까? (5절)

3. 모세가 수레와 소를 레위인에게 나누어 줄 때 어떻게 분배하였습니까? (7-9절)
    ① 게르손 자손에게 :
    ② 므라리 자손에게 :
    ③ 고핫 자손에게 :

4. 고핫 자손에게 예물을 분배해 주지 않은 이유는 무엇입니까? (9절)

5. 이처럼 오늘날도 하나님께서는 우리가 훌륭한 일꾼으로 쓰임받도록 각자에게 가장 합당한 은사를 나누어 주십니다. 그 사실을 확인해 보십시오. (롬 8:32 참조)

<제직의 은사개발>에 대한 연구

1. 은사의 정의

교회성장학자인 피터 와그너 박사는 은사를 정의하기를 "은사란 성령께서 그리스도의 몸인 교회의 유익과 성장을 위해 모든 그리스도인에게 부어주신 특별한 영적 능력(a special attitude)"이라고 했습니다. 이 정의는 세 가지 중요한 개념을 담고 있습니다.

첫째, 은사는 주체가 있습니다. 그 주체는 성령 하나님이십니다(고전 12:11).
둘째, 은사는 대상이 있습니다. 그 대상은 교회의 각 지체, 즉 성도입니다(고전 12:7).
셋째, 은사는 목적이 있습니다. 그 목적은 교회의 성장과 성숙입니다(엡 4:12).

그러므로 교회성장을 원하는 모든 교인, 특히 제직이라면 은사에 대해 열려있어야 합니다. 성장하는 교회, 건강한 교회에는 구원의 확신과 함께 은사의 확신이 분명한 평신도 지도자들의 봉사와 헌신이 필수적이기 때문입니다.

2. 은사 사역의 유익

은사를 통해 교회를 섬기면 다음과 같은 유익을 얻게 됩니다. 은사를 통해 사역하면 우선 자신에게 유익이 생깁니다. 봉사하면 할수록 소속감과 가치감과 자신감이 확실해집니다.

그리고 은사로 사역하면 몸인 교회에 유익을 줍니다. 은혜를 받기만 하는 것이 아니라 받은 은혜를 나눠 주는 관계가 형성되려면, 교회의 모든 부분에서 은사가 활성화되어야 합니다. 또한 은사를 통해 교회를 섬기면 결국 하나님의 뜻을 이루게 됩니다. 은사를 사용한다는 것은 하나님의 일을 하나님의 방법으로 이룬다는 것을 의미합니다. 베드로도 은사를 활용하여 하나님을 나타내는 사역이 하나님의 뜻임을 강조했습니다(벧전 4:10-11).

제직의 은사개발 5강

3. 은사를 통한 사역의 대표적인 예

1) 중보 사역

제직으로서 은사를 따라 일할 수 있는 대표적 사역이 중보 사역입니다. 중보 사역은 다른 사람들을 위해 기도하는 일입니다. 중보 사역을 성실히 감당하려면 하나님 앞에서 성결함을 유지하고, 또 기도 시간을 확보하려는 노력이 절대적으로 선행되어야 합니다.

2) 봉사 사역

다른 사람의 눈에 잘 띄지는 않지만 제직의 기본적인 사역 가운데 하나가 섬기는 사역입니다. 섬기는 사역은 광범위한 영역에서 이루어집니다. 교회 환경을 깨끗하게 청소하는 일로부터 아픈 사람을 돌보는 일, 구제하는 일 등을 포함합니다.

3) 행정 사역

행정은 교회 전반을 관리하는 일입니다. 로마서 12장 8절에는 "다스리는 은사"라고 표현되어 있습니다. 원어적 의미로 타수(舵手, helmsman), 즉 '배를 행선지로 향하게 하는 책임자'란 뜻을 담고 있습니다. 타수는 자신이 탄 배가 선장이 원하는 행선지에 무사히 도착하도록 하는데 중요한 일들을 감당합니다.

4) 양육 사역

가르치는 은사는 하나님이 주신 능력으로 성경에 기록된 말씀의 뜻을 밝히며, 그것을 효과적으로 생활에 적용할 수 있도록 깨우치는 일입니다. 이 은사를 가진 제직은 배우는 사람들이 하나님께 가까이 가고 예수 그리스도의 모범을 따르도록 인도합니다.

4. 은사 사역의 바람직한 자세

1) _____ : 모든 은사는 사랑을 그 기반에 두어야 합니다(갈 5:13).
2) _____ : 각 사람의 은사의 다양성을 인정하고 겸손히 행해야 합니다(고전 7:7).
3) _____ : 다른 사람을 섬기는 기회가 주어진 것에 대해 기쁨을 누릴 줄 알아야 합니다 (살전 2:20).
4) _____ : 모든 은사는 교회의 유익을 위해 주어진 것입니다. 주님의 몸된 교회를 세우는 일에 선한 청지기와 같이 충성을 다해야 합니다(벧전 4:10).
5) _____ : 모든 은사는 질서를 따라 사용되어야 합니다. 그리스도의 질서를 따라 절제하는 모습은 아름답습니다(고전 14:40).

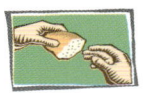 **적용하는 시간**

1. 지난 한 주간 동안 나에게 일어났던 하나님의 은혜를 나누어 보십시오.

2. 지금까지 〈제직의 은사개발〉에 대해 함께 공부했습니다. 특별히 새롭게 깨닫고 은혜받은 부분이 있으면 조를 이루어 서로 나누는 시간(sharing time)을 가지십시오.

3. 은사의 주체와 대상과 목적을 정리해 보십시오.

4. '은사 사역의 바람직한 자세' 다섯 가지를 정리해 보십시오.

5. 자신에게 주어진 은사를 최대한 발휘하여 교회성장과 유익을 도모하는 제직이 될 것을 새롭게 다짐하며 하나님의 도우심을 구하는 기도를 드리십시오.

6. 오늘의 과제 : 은사검색 도구를 활용하여 자신의 은사를 발견하기.
   [참고] 〈은사확인검사〉 리챠드 F.휴츠/C. 피터와그너

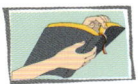 **영적성장을 위한 양서**

〈성령의 19가지 은사〉 레슬리 B 플린, 아가페, 1996

교훈의 샘터

은사에 관한 3대 명제

모든 그리스도인은 1. 적어도 한 가지 이상 성령의 은사를 받았습니다(고전 7:7).
　　　　　　　　　2. 자신이 받은 성령의 은사를 분별해야 합니다(고전 12:1).
　　　　　　　　　3. 자신이 받은 성령의 은사로 유익을 얻게 됩니다 (고전 12:7).

기본이 충실해야 흔들리지 않습니다 **제6강**

제직의 신앙관리

들어가면서

여러분 스스로 해결하십시오.
여러분은 모든 위대한 사람들이 소유한 것을 이미 가지고 있습니다.
두 팔과 두 손, 두 다리, 두 눈,
그리고 지혜롭게 사용할 수 있는 두뇌가 그것입니다.
그들은 모두 이러한 장비를 가지고 시작했습니다.
그러므로 정상을 향하여 출발하십시오.
그리고 "나는 할 수 있다"고 말하십시오.

그러나, 여러분은 또한 직면해야 합니다.
여러분은 여러분의 위치를 결정해야 할 유일한 사람입니다.
어디를 가기 원하는지, 알아야 할 진리를 얼마나 많이
공부할 것인지 여러분 스스로 결정해야 합니다.
하나님은 여러분의 삶을 위해 훌륭한 장비를 구비해 주셨지만
그분은 여러분이 원하는 것을 스스로 결정하도록 하셨습니다.

▷ 에드가 게스트(Edgar Guest)의 시입니다. 하나님은 여러분에게 필요한 모든 자원을 이미 주셨습니다. 단, 그것을 발견하고 개발하는 것은 여러분의 몫입니다.

바람직한 제직의 각 부분은?

무엇을 보고 계십니까?
주님의 영광입니까? 아니면 세상의 안목입니까?
주님을 위한 일을 찾으십니오.

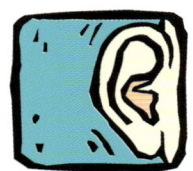
무엇을 듣고 계십니까?
진리의 말씀입니까? 아니면 의미없는 소문입니까?
주님을 위한 일을 들으십니오.

무엇을 말하고 계십니까?
주님을 향한 감사입니까? 아니면 남에 대한 불평입니까?
주님을 위한 일을 말씀하십니오.

무엇을 하고 계십니까?
누군가를 돕고 있습니까? 아니면 힘들게 하고 있습니까?
주님을 위한 일에 힘쓰십니오.

무엇을 향해 가고 계십니까?
세상을 구원하러 나아가고 있습니까?
아니면 세상에서 헤매이고 있습니까?
주님을 위한 일을 찾아 나서십니오.

제직의 신앙관리는 어느 한 부분만 잘한다고 되는 것이 아닙니다. 온 몸이 함께 노력하고 헌신할 때 영적인 성장이 나타납니다. 또, 이러한 몸이 하나 하나 모일 때 온전한 그리스도의 교회가 세워집니다.

제직의 신앙관리 6강

성경과의 만남

골로새서 3장 9절부터 17절까지 읽어보십시오.

⁹너희가 서로 거짓말을 말라 옛사람과 그 행위를 벗어버리고 ¹⁰새 사람을 입었으니 이는 자기를 창조하신 자의 형상을 좇아 지식에까지 새롭게 하심을 받는 자니라 ¹¹거기는 헬라인과 유대인이나 할례당과 무할례당이나 야인이나 스구디아인이나 종이나 자유인이 분별이 있을 수 없나니 오직 그리스도는 만유시요 만유 안에 계시니라 ¹²그러므로 너희는 하나님의 택하신 거룩하고 사랑하신 자처럼 긍휼과 자비와 겸손과 온유와 오래 참음을 옷 입고 ¹³누가 뉘게 혐의가 있거든 서로 용납하여 피차 용서하되 주께서 너희를 용서하신 것과 같이 너희도 그리하고 ¹⁴이 모든 것 위에 사랑을 더하라 이는 온전하게 매는 띠니라 ¹⁵그리스도의 평강이 너희 마음을 주장하게 하라 평강을 위하여 너희가 한 몸으로 부르심을 받았나니 또한 너희는 감사하는 자가 되라 ¹⁶그리스도의 말씀이 너희 속에 풍성히 거하여 모든 지혜로 피차 가르치며 권면하고 시와 찬미와 신령한 노래를 부르며 마음에 감사함으로 하나님을 찬양하고 ¹⁷또 무엇을 하든지 말에나 일에나 다 주 예수의 이름으로 하고 그를 힘입어 하나님 아버지께 감사하라

1. 사도 바울은 지금 골로새 교회를 향해 몇 가지 신앙의 권면을 전하고 있습니다. 9-10절을 보면 서로 대조를 이루는 두 단어가 등장하는데 그것은 무엇입니까?
   _____ 과 _____

2. 그리스도 안에서 변화된 새 사람을 12절에는 달리 어떻게 소개하고 있습니까?

3. 12-13절에 나오는 여러가지 신앙관리를 위한 권면의 덕목들은 결국 무엇이 더해져야 온전해질 수 있습니까? (14절)

4. 한 몸으로 부르심을 입은 교회(15절)의 일원으로서 온전히 세워지는 제직이 되려면 어떠 어떠한 부분에 힘써야 합니까? (16-17절)
   ① _____이 풍성한 생활 (16절)
   ② 시와 찬미와 신령한 노래로 하나님을 _____하는 생활 (16절)
   ③ 모든 일에 하나님 아버지께 _____하는 생활 (17절)

<제직의 신앙관리>에 대한 연구

1. 성장을 위한 핵심 사이클(4P)

하나님께서는 모든 면에서 부단히 자신을 훈련하고 개발하는 제직을 사용하십니다. 그러한 사람이 되려면 신앙을 효과적으로 성장시키기 위한 사이클을 따라가야 합니다. 자기개발을 위한 핵심 사이클에는 네 가지 요소가 있습니다.

1) 긍정적인 태도(Positive thinking)
적극적인 태도, 긍정적인 사고방식은 모든 성패의 85%를 좌우합니다.

2) 원리에 대한 지식(Principle)
성장의 원리가 되는 새로운 지식과 정보를 끊임없이 습득하는 과정이 있어야 합니다.

3) 훈련과 실행(Practice)
열정과 지식은 그것을 활용할 때 의미가 있습니다. 실행은 내 것을 만드는 과정입니다.

4) 실제적인 능력과 기술(Power)
태도와 지식과 훈련을 반복하면 고품질의 능력과 실력이 형성됩니다. 이러한 실제적이고 전문적인 기술과 능력이 구비되어야 비로소 온전한 지도력을 발휘할 수 있습니다.

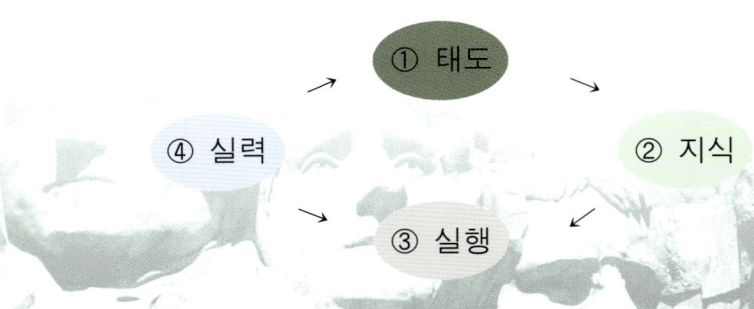

2. 신앙관리의 네 가지 차원

개인의 신앙관리가 결여된 교회봉사는 하나의 종교활동이 되기 쉽습니다. 교회성장형 제직은 주님의 교회를 섬기는데 열심을 내야 할 뿐만 아니라 교회봉사를 위해서 도움이 되는 것이라면 모두 배우려는 자세를 지녀야 합니다. 그런데 그보다 더 중요한 것은 신앙의 기본에 충실하며 올바른 우선순위를 정하는 일입니다.

1) 규칙적인 기도생활(살전 5:17)

기도는 하나님과 나누는 교제입니다. 예수님도 습관을 좇아 기도하셨고(눅 22:39), 중요한 결정을 앞두고 기도하셨으며(눅 6:12-13), 분주한 일정 가운데서도 기도하셨습니다(눅 5:15-16). 그러므로 모든 제직은 예수님의 기도를 본받는 삶을 살아야 합니다.

2) 생활화된 말씀생활(마 4:4; 엡 6:17)

하나님께서 우리에게 성경 말씀을 주신 것은 예수님을 믿어 구원을 얻게 할 뿐만 아니라(요 20:30-31), 우리를 하나님의 사람으로 온전케 쓰시기(딤후 3:16-17) 위함입니다.

① 말씀을 듣는 제직이 되십시오(롬 10:17).
② 말씀을 읽는 제직이 되십시오(계 1:3).
③ 말씀을 공부하는 제직이 되십시오(행 17:11).
④ 말씀을 암송하는 제직이 되십시오(시 119:11).
⑤ 말씀을 묵상하는 제직이 되십시오(시 1:2-3).

3) 적극적인 예배생활(히 10:25)

영적으로 성장하기 위해서는 교회의 각종 예배와 모임에 적극적으로 참여해야 합니다. 예배를 통해 말씀을 공부하고 기도를 훈련할 뿐만 아니라, 다른 믿음의 지체들과 교제할 수 있기 때문입니다.

참석하되 영적으로 사모하는 마음을 갖고 임해야 합니다. 교회의 각종 훈련 프로그램도 영적성장을 위한 좋은 기회를 제공합니다.

4) 끊임없는 독서생활(딤후 4:13)

지혜를 얻기 위해서는 좋은 책을 읽어야 합니다. 최소한 하루에 15분 이상을 투자하여 자신의 신앙성장에 도움이 되는 책을 읽으십시오. 리더는 책을 읽는 사람입니다(Leader is reader). 이 세상을 살면서 승리하기 위해서는, 한 손에는 성경을, 다른 한 손에는 양서를 들어야 한다는 것은 불변의 원리입니다.

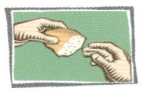 ## 적용하는 시간

1. 지난 한 주간 동안 나에게 일어났던 하나님의 은혜를 나누어 보십시오.

2. 지금까지 〈제직의 신앙관리〉에 대해 함께 공부했습니다. 특별히 새롭게 깨닫고 은혜받은 부분이 있으면 조를 이루어 서로 나누는 시간(sharing time)을 가지십시오.

3. 성장을 위한 핵심 사이클 중에 자신이 집중적으로 개발해야 할 부분에 대해서 말해보십시오.

4. 신앙관리의 네 가지 차원을 정리해 보십시오. 그 중에서 자신에게 가장 자신없는 부분은 무엇인지 체크해 보고 이에 대한 해결책도 나름대로 적어 보십시오.

5. 교회의 제직이요, 주님의 일꾼으로서 다른 성도들에게 본이 되고 존경받는 신앙생활을 할 수 있도록 결단하는 기도를 하나님께 드리십시오.

6. 오늘의 과제 : 독서토론.

 ## 영적성장을 위한 양서

〈놀라운 하나님의 은혜〉 필립 얀시, IVP, 1999.

교훈의 샘터

> "주여, 이 땅에서 무엇보다 가장 중요한 일은
> 내 영혼을 정결케 하는 것임을 내게 가르치소서."
>
> — 헨리 마틴(Henry Martyn) —

봉사, 제직의 의무요 특권입니다 　제7강

제직의 교회봉사 (Ⅰ)

들어가면서

여성 최초로 노벨문학상을 받은 게를뢰프의 「진홍가슴새」를 보면 이런 내용이 나옵니다.
"하나님께서 세상 만물을 지으실 때 잿빛 털을 가진
조그만 새 한 마리를 만드셨습니다.
그리고 그 새의 이름을 '진홍가슴새'라고 붙여 주셨습니다.
이 새는 늘 '나는 온통 잿빛 털을 가지고 있는데
어째서 하나님은 진홍가슴새라는 이름을 붙여 주셨을까?' 하며
궁금해 했습니다. 그 후 오랜 세월이 흘렀습니다.
진홍가슴새의 둥지 근처 언덕에 어느날 십자가가 세워졌습니다.
어떤 사람이 매달렸는데 얼마나 불쌍하게 보이는지
진홍가슴새는 무섭다는 생각은 뒤로 하고 십자가에 달린
사람에게로 날아갔습니다. 그 사람의 이마에는 가시관이 씌워져 있는데
검붉은 피가 솟아나고 있었습니다.
이 새는 자기 부리로 이마에서 가시를 뽑아내기 시작했습니다.
가시가 뽑힐 때마다 피가 솟아 자기도 피투성이가 되었습니다.
지칠 때까지 가시들을 뽑았으나 그 사람은 결국 숨을 거두고 말았습니다.
그런데 자기 목덜미와 가슴에 묻은 피가 도무지 깨끗이 지워지지 않는 것입니다.
더 이상한 것은, 낳는 새끼들마다 목덜미와 가슴에
선명한 진홍빛이 생기게 된 것입니다."

▷ 당신의 가슴도 진홍가슴새처럼 주님의 피로 물들여져 있습니까?

제직 역할의 우선순위 (설문조사)

다음의 그래프는 1997년 교회갱신협의회 기획실에서 모 교단 소속 표본교회들을 대상으로 실시한 설문조사 가운데 평신도 지도자(장로)의 바람직한 역할을 묻는 질문에 관한 응답을 소개한 것입니다. 본 결과는 교회성장형 제직으로서 자신의 역할을 발견하는데 도움을 줄 것입니다.

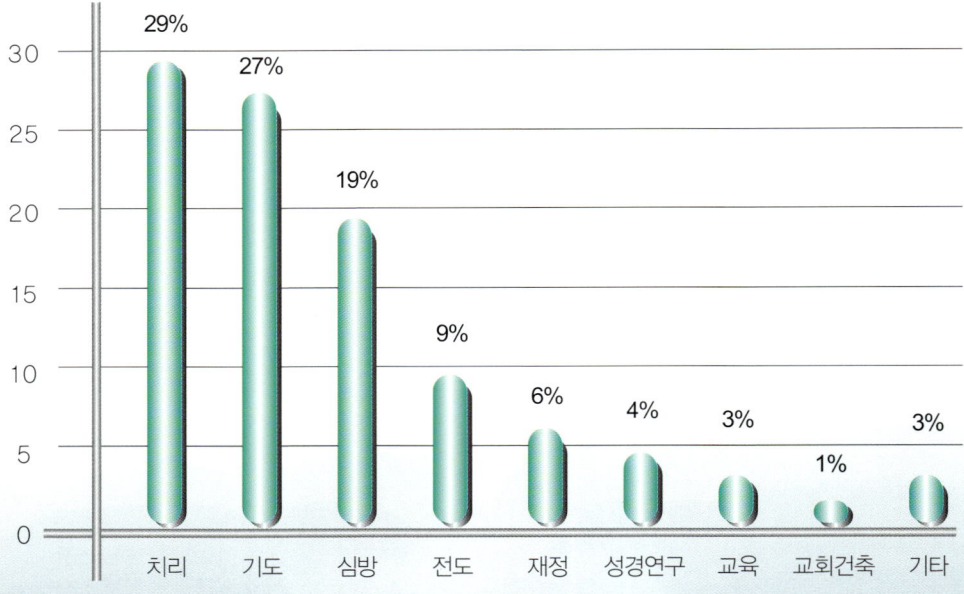

결과를 보면 교인들은
 1) 교회를 성실히 치리하고,
 2) 교회를 위해 열심히 기도하며,
 3) 성도들을 사랑으로 돌보는 일에 힘쓰는 제직을 선호하는 것을 알 수 있습니다.

▷ 여러분 교회의 바람직한 제직 역할의 우선순위에 대해서도 발표해 보십시오.

7강 제직의 교회봉사 (I)

성경과의 만남

베드로전서 4장 7절부터 14절까지 읽어보십시오.

⁷만물의 마지막이 가까웠으니 그러므로 너희는 정신을 차리고 근신하여 기도하라 ⁸무엇보다도 열심으로 서로 사랑할지니 사랑은 허다한 죄를 덮느니라 ⁹서로 대접하기를 원망 없이 하고 ¹⁰각각 은사를 받은 대로 하나님의 각양 은혜를 맡은 선한 청지기 같이 서로 봉사하라 ¹¹만일 누가 말하려면 하나님의 말씀을 하는 것 같이 하고 누가 봉사하려면 하나님의 공급하시는 힘으로 하는 것 같이 하라 이는 범사에 예수 그리스도로 말미암아 하나님이 영광을 받으시게 하려 함이니 그에게 영광과 권능이 세세에 무궁토록 있느니라 아멘 ¹²사랑하는 자들아 너희를 시련하려고 오는 불시험을 이상한 일 당하는 것 같이 이상히 여기지 말고 ¹³오직 너희가 그리스도의 고난에 참여하는 것으로 즐거워하라 이는 그의 영광을 나타내실 때에 너희로 즐거워하고 기뻐하게 하려 함이라 ¹⁴너희가 그리스도의 이름으로 욕을 받으면 복 있는 자로다 영광의 영 곧 하나님의 영이 너희 위에 계심이라

1. 본문은 말세를 사는 성도들이 가져야 할 바른 신앙생활에 대해 말씀하고 있습니다. 이와 관련하여 7-10절 사이에 등장하는 핵심 단어들을 각 구절마다 적어 보십시오.
   ① 7절 –
   ② 8절 –
   ③ 9절 –
   ④ 10절 –

2. 주님의 일꾼인 제직의 언어생활과 봉사활동은 결국 누구의 도우심과 능력을 의지하는 것이 가장 바람직합니까? (11절)

   또 그렇게 해야 하는 이유는 무엇입니까? (11절)

3. 주님의 사명을 감당하다가 시련을 당하게 될 때, 제직으로서 어떠한 태도와 반응을 보이는 것이 합당한 모습입니까? (12-13절)

4. 그리스도의 이름으로 인해 수치를 당하는 사람에게 임하는 복은 무엇입니까? (14절)

<제직의 교회봉사(Ⅰ)>에 대한 연구

1. 봉사의 의미와 중요성

　봉사란 말은 헬라어로 '디아코니아(dia-konia)'라고 합니다. 주님께서 교회를 섬기고 봉사하는 직무를 맡기기 위해 특별히 초대교회부터 세우기 시작한 '집사(deacon)'란 말도 이 단어에서 유래됐습니다(행 6:1-7). 즉 봉사는 그리스도의 몸을 세우기 위해 성령의 능력으로 섬기는 성도의 행위입니다.

　모든 그리스도인에게 있어서 봉사는 주님을 예배하는 삶이요(눅 10:40-42), 이웃을 세워주는 헌신이요(엡 4:11-12), 자신을 행복하게 만드는 길이며(행 20:35), 나아가 교회를 세워가는 도구입니다(고후 9:12). 그러므로 제직의 봉사는 신앙생활의 본질이요, 교회성장을 위한 필수요소입니다.

2. 봉사의 이유

1) 하나님의 뜻이기 때문입니다(벧전 4:10).
　하나님께서는 구원받은 자녀들이 서로를 인정하고 세워주며, 한 몸을 이루어 연합하기를 원하십니다. 봉사는 그리스도의 몸을 하나로 만드는 강력한 도구입니다. 봉사하되 '서로 봉사하라'고 하신 것도 그러한 이유에서입니다.

2) 예수님께서 봉사하셨기 때문입니다(요 13:14-15).
　예수님은 철저히 봉사자의 삶을 사셨습니다. 예수님은 이 땅에 "섬김을 받으려 오신 것이 아니라 도리어 섬기려" 오셨습니다(마 20:28). 십자가에 달려 죽으시기까지 섬기셨습니다. 그리고 제자들에게 "서로 발을 씻기는 것이 옳으니라"고 가르쳐주셨습니다.

3) 봉사할 대상이 있기 때문입니다(고후 9:12).
　성막에서 봉사했던 레위인(민 8:14-15), 예수님을 섬긴 마리아 일행(막 16:1-2), 빌립보 교인들의 연보를 바울에게 전해준 에바브로디도(빌 4:18) 등, 성경에 보면 다양한 모습의 봉사가 등장하고 있습니다. 오늘날도 교회 안팎을 둘러보면 봉사하고 섬겨야 할 대상과 사역이 많음을 발견합니다. 먼저 받은 은혜를 나눈다는 심정이 필요합니다.

3. 봉사의 방법

1) 삶의 모습을 통하여(고전 11:1)
하나님이 인정하시는 제직은 언제 어디서든 그리스도인임을 자랑하고 당당히 드러내는 제직입니다. 교회 안과 교회 밖의 생활이 이중적인 사람은 결코 덕이 될 수 없습니다.

2) 가진 것을 통하여(눅 19:12-27)
우리의 모든 소유는 하나님이 주신 것입니다(고전 4:7). 주어진 소유를 자신의 행복을 위해, 이웃의 기쁨을 위해, 그리고 하나님의 영광을 위해서 사용하겠다는 분명한 원칙을 세우는 것이 필요합니다. 자신의 건강, 시간, 재능, 관심도 같은 차원입니다.

3) 교회일에 참여함으로(고전 9:23)
그리스도의 복음을 위해, 또 교회의 부흥과 성장, 발전을 위해 교회 차원에서 준비하고 진행하는 모든 일에 적극적으로 참여하십시오. 교회 일에 부정적인 자세보다는 긍정적인 태도를 가지고 적극적으로 참여하는 것이 참된 봉사자의 태도입니다.

4) 하나님의 능력으로(벧전 4:11)
사도 바울은 "하나님의 성령으로 봉사하는" 참 그리스도인이 될 것을 권면하고 있습니다(빌 3:3). 하나님께서 공급하시는 힘으로 봉사할 때 하나님께서 영광을 받으십니다.

4. 봉사의 상급

심고 거두는 법칙은 어디에나 적용됩니다. 봉사의 수고도 마찬가지입니다. 주님과 교회를 위해 봉사하면 거기에는 반드시 상급과 대가가 따르게 됩니다.

1) 하나님께서 복으로 가득히 되돌려 주십니다(눅 6:38).
2) 봉사의 땀방울과 헌신의 눈물은 조금도 헛되지 않습니다(고전 15:58).
3) 그리스도 안에서 영광 가운데 우리의 모든 필요를 채워주십니다(빌 4:15-19).

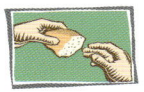 **적용하는 시간**

1. 지난 한 주간 동안 나에게 일어났던 하나님의 은혜를 나누어 보십시오.

2. 지금까지 〈제직의 교회봉사(Ⅰ)〉에 대해 함께 공부했습니다. 특별히 새롭게 깨닫고 은혜받은 부분이 있으면 조를 이루어 서로 나누는 시간(sharing time)을 가지십시오.

3. 그리스도인의 봉사가 가져다 주는 유익은 무엇인지 정리해 보십시오.

4. 봉사의 방법 4가지를 정리해 보십시오. 또한 그 밖의 봉사 방법으로 어떤 것이 있는지 나누어 보십시오.

5. 자신을 대속물로 삼으실만큼 우리를 사랑하신 예수 그리스도를 본받고 따르는 제직이 되도록 하나님의 도우심을 구하는 기도를 드리십시오.

6. 오늘의 과제 : 집안 식구 중에 한 사람의 발을 씻어주며 느낀 점을 발표하기.

 **영적성장을 위한 양서**

〈예수님을 생각나게 하는 사람〉 헨리 나우웬, 두란노, 1999.

교훈의 샘터

> 좋은 것들 속에 좋은 것은 좋아보이지 아니하고 아름다운 것들 중에
> 아름다움은 아름답지 아니하며 빛 가운데 있는 빛은 빛나지 않는다
> 너는 가서 좋지 못한 것들 속에 좋은 것이 되어라
> 너는 저기 저곳에 가서 너의 아름다움을 나타내고
> 너는 빛이 없는 곳에 가서 빛을 비추어라
>
> - 송명희의 시 '너는' 중에서 -

교회봉사, 예배와 사역의 조화를 이루십시오

제8강

제직의 교회봉사 (Ⅱ)

들어가면서

프랑스 파리의 어느 은행에서 직원을 뽑는데 한 소녀가 찾아왔습니다.
소녀는 은행장에게 "무슨 일이든지 좋으니 저에게 일을 시켜 주십시오.
최선을 다하겠습니다"라고 말했습니다.
그러나 은행장은 소녀를 한 번 힐끗 보더니 자리가 없다며 거절했습니다.
소녀가 좌절하며 은행에서 나오는데
마룻바닥에 핀 한 개가 떨어져 있는 것을 보았습니다.
소녀는 핀을 주워서 그의 옷자락으로 깨끗이 닦아
탁자 위에 놓고 나갔습니다.
이 모습을 지켜 본 은행장은 "아가씨" 하고
다급히 그 소녀를 불렀습니다.
소녀가 돌아서서 다가가자, 은행장은 웃으며
"아가씨를 우리 은행에서 뽑기로 결정했습니다"라고 말했습니다.
소녀가 너무도 놀라서 그 이유를 묻자
은행장은 이렇게 대답하는 것이었습니다.
"바닥에 떨어진 작은 핀 하나를 아끼는 그런 마음으로
우리 은행에서 일을 해 준다면
우리 은행은 반드시 발전하게 될 것입니다."

▷ 하나님도 이 소녀같은 일꾼을 사용하기 원하십니다. 여러분이
　그 주인공이 되십시오.

한국 기독교인의 개인 신앙생활

다음은 한미준(한국 교회의 미래를 준비하는 모임)과 한국갤럽이 한국 개신교인의 개인 신앙생활에 대해 조사한 결과입니다.

1) 1주간 성경묵상시간

일 반	
1시간 이하	24.5%
2~3시간	3.9%
4~5시간	3.5%
6~10시간	4.7%
11시간 이상	1.5%
읽지 않았다	51.9%

직 분 별	
일반성도	52분
집 사	1시간 27분
장로/권사	2시간 37분

2) 1일 기도시간

일 반	
10분 이하	20.5%
11~30분	29.8%
31~60분	8.9%
1시간 이상	6.0%
하지 않았다	34.8%

직 분 별	
일반성도	15분
집 사	27분
장로/권사	44분

3) 십일조 생활

일 반	
정기적으로 정확하게	32.8%
정기적으로 부정확하게	17.6%
부정기적으로	33.7%
십일조 못함	33.7%
모름/무응답	0.2%

직 분 별 (매월 정기적)	
일반성도	24.3%
집 사	47.4%
장로/권사	72.9%

▷ 교회를 섬기는 제직으로서, 자신의 신앙생활과 비교해볼 때 어떻습니까?

제직의 교회봉사 (II) — 8강

성경과의 만남

빌립보서 2장 22절부터 30절까지 읽어보십시오.

²²디모데의 연단을 너희가 아나니 자식이 아비에게 함같이 나와 함께 복음을 위하여 수고하였느니라 ²³그러므로 내가 내 일이 어떻게 될 것을 보아서 곧 이 사람을 보내기를 바라고 ²⁴나도 속히 가기를 주 안에서 확신하노라 ²⁵그러나 에바브로디도를 너희에게 보내는 것이 필요한 줄로 생각하노니 그는 나의 형제요 함께 수고하고 함께 군사된 자요 너희 사자로 나의 쓸 것을 돕는 자라 ²⁶그가 너희 무리를 간절히 사모하고 자기 병든 것을 너희가 들은 줄을 알고 심히 근심한지라 ²⁷저가 병들어 죽게 되었으나 하나님이 저를 긍휼히 여기셨고 저 뿐 아니라 또 나를 긍휼히 여기사 내 근심 위에 근심을 면하게 하셨느니라 ²⁸그러므로 내가 더욱 급히 저를 보낸 것은 너희로 저를 다시 보고 기뻐하게 하며 내 근심도 덜려 함이니 ²⁹이러므로 너희가 주 안에서 모든 기쁨으로 저를 영접하고 또 이와 같은 자들을 존귀히 여기라 ³⁰저가 그리스도의 일을 위하여 죽기에 이르러도 자기 목숨을 돌아보지 아니한 것은 나를 섬기는 너희의 일에 부족함을 채우려 함이니라

1. 본문은 사도 바울이 빌립보 교회를 돕기 위해 자신의 동역자인 디모데와 에바브로디도를 파송하려는 내용입니다. 사도 바울은 영적인 아들이자 제자인 디모데를 빌립보 교인들에게 어떻게 소개하고 있습니까? (22절)

   이를 통해 볼 때 주의 일꾼은 결국 무엇을 위해 수고하는 자가 되어야 합니까?(살전 2:9 참조)

2. 이어서 사도 바울은 에바브로디도를 소개하고 있습니다. 바울이 소개한 그는 어떠한 성품을 가진 자입니까? (26절)

3. 사도 바울은 빌립보 교인들에게 자신의 동역자인 에바브로디도를 어떻게 대해 주라고 말씀하고 있습니까? (29절)

4. 사도 바울이 에바브로디도에 대해 이토록 큰 사랑과 애착을 갖게 된 이유는 무엇입니까? (30절) 결국 참된 동역자의 모습은 어떠해야 합니까? (행 20:24 참조)

<제직의 교회봉사(Ⅱ)>에 대한 연구

1. 제직의 이중적 교회활동

모든 제직은 주님께서 교회를 세우기 위해 부르신 청지기요, 사역자입니다. 교회 안에서의 제직의 역할은 이중적 성격을 띱니다. 즉, 제직은 하나님께 나아오는 예배자(worshiper)이면서, 동시에 교회를 위해 봉사하고 일하는 사역자(minister)인 것입니다.

그러므로 제직은 "신령과 진정으로"(요 4:24) 하나님을 예배하는 일에 최선을 다해야 함과 아울러, 주님께 "죽도록"(계 2:10) 충성하는 일에도 누구보다 앞장서는 자세를 가져야 합니다. 예배자로서의 제직이 하나님을 향한 경배의 모습을 띤다면, 사역자로서의 제직은 성도를 향한 봉사의 성격을 띠고 있습니다.

2. 예배차원의 제직 활동

1) 주일 성수
모든 예배자의 신앙은 주일성수로부터 시작됩니다. 주일성수는 하나님의 통치원리에 전적으로 순종함을 믿음으로 고백하는 행위이자 표현입니다.

2) 공적 예배 참석
교회내 예배의 종류는 다양합니다. 이러한 예배에 참석하는 것은 제직의 기본 의무입니다. 개인적으로 하나님을 예배할 수도 있지만, 성경에서는 공적인 예배에 대해 강조하고 있습니다(히 10:24-25). 예배를 드릴 때에는 몸과 맘을 깨끗이 하고, 예배의 각 순서(기도, 설교, 찬양)에 뜨거운 마음으로 동참하는 모습을 가져야 합니다.

3) 헌금
헌금은 하나님께 받은 것 중에서 그 일부를 감사하는 마음으로 주님께 드리는 정성의 표시입니다. 헌금에는 주일헌금을 비롯, 감사, 선교, 건축헌금 등 다양한 종류가 있습니다. 헌금은 자원하는 마음으로 즐겁게 드리는 것이 중요합니다(고후 9:7).

특별히 제직으로서의 헌금 생활 중 빼놓지 말아야 할 것이 십일조입니다. 십일조는 수입의 십분의 일을 드림으로 내 소유의 참 주인이 하나님이심을 겸손하게 인정하고 고백하는 행위입니다. 십일조는 신앙인으로서의 거룩한 의무입니다(말 3:7-12; 마 23:23).

4) 전도
전도는 예수님의 지상명령입니다(마 28:19-20). 교회가 존재하는 가장 큰 목적은 영혼구원을 통한 교회성장에 있습니다. 그러므로 제직은 주님의 복음과 사랑에 대한 확신을 가지고 복음을 전하는 그리스도의 증인이 되는 일에 앞장서며 본을 보여야 합니다.

3. 사역차원의 제직 활동

1) 예배 위원
예배는 크게 말씀, 찬송, 기도, 헌신의 요소로 이루어집니다. 이러한 예배를 정성스럽게 준비하고 진행함에 있어 정해진 부분을 위임받아 목회자와 영적인 호흡을 이루어 은혜롭게 감당하는 것이 제직의 중요한 임무이자 봉사입니다.

2) 교육
제직은 교회와 목회자를 사랑으로 섬기는 자인 동시에 돕는 동역자이기도 합니다. 특히 교육 부분이 그러합니다. 교육에 관한 제직의 봉사는 각종 소그룹 모임 인도, 주일학교 교사활동, 성경공부 진행 등이 있습니다.

가르치는 은사가 확실한 제직이 성도들을 말씀으로 양육한다면 그만큼 교회성장에 보탬이 될 수 있습니다. 이럴 때 주의할 점은 제직이 담임목회자의 목회철학과 방침에 순응하여 교회의 영적인 흐름과 줄기가 일치되어 뻗어나가도록 힘써야 한다는 점입니다.

3) 심방
심방은 성도의 가정을 그리스도의 이름으로 방문하는 일입니다. 심방은 성도의 교제뿐만 아니라 교육과 신앙관리를 위해서도 필요합니다. 심방을 맡은 제직은 영혼을 사랑하는 마음으로 성도들을 돌보는 자세를 가져야 합니다. 심방을 위한 사전 준비에도 만전을 기하고, 심방시 예의를 갖추는 것도 심방 봉사에 필수적입니다.

그밖의 활동으로 각종 부서운영, 성례전 봉사, 프로그램 담당 등이 있습니다.

 **적용하는 시간**

1. 지난 한 주간 동안 나에게 일어났던 하나님의 은혜를 나누어 보십시오.

2. 지금까지 〈제직의 교회봉사(Ⅱ)〉에 대해 함께 공부했습니다. 특별히 새롭게 깨닫고 은혜받은 부분이 있으면 조를 이루어 서로 나누는 시간(sharing time)을 가지십시오.

3. 하나님께 대한 예배자이면서 동시에 교회를 위해 일하는 사역자라는 이중적 위치를 잘 감당하기 위해서 어떤 노력을 하고 계신지 서로 이야기해 보십시오.

4. 제직으로서 지금까지 예배 차원의 제직 활동과 사역 차원의 예배 활동 중에서 각각 어떤 부분에 대해 소홀했는지 평가해 보는 시간을 가지십시오.
   ① 예배차원의 제직 활동
   ② 사역차원의 제직 활동

5. 참된 예배자, 유능한 사역자로서 부족함이 없는 제직이 될 것을 결심하며 하나님께 간절히 기도드리는 시간을 가지십시오.

6. 오늘의 과제 : 교회 내의 평신도들을 위해 봉사활동 한 가지를 하고 그 느낌을 적어오기.

 **영적성장을 위한 양서**

〈평범한 그리스도인의 특별한 헌신〉 빌 헐, 디모데, 1999.

교훈의 샘터

> 우리가 하나님을 위해 손해를 볼 수는 있다.
> 그러나 하나님으로 말미암아 손해보지는 않을 것이다.
>
> – 토마스 왓슨 –

가정이 건강해야 교회가 성장합니다 **제9강**

제직의 가정생활

들어가면서

모든 예배에 빠지지 않던 한 장로님 부인이 며칠간
예배에 참석하지 않았습니다.
목사님이 장로님에게 그 이유를 물었습니다.
장로님은 어색한 표정으로, "몸이 좀 불편한 모양이지요." 하면서
화제를 바꾸는 것이었습니다.
다음날 목사님이 그 집에 심방을 갔는데 부인은 뜻밖에도
건강한 모습이었습니다.
"병환 중이라고 듣고 심방을 왔는데요…"하는 목사님의 말씀에
부인은 대뜸 "병은 무슨 병이요? 우리 남편이 또 거짓말을 했군요"라고
대답하는 것이었습니다. "그럼, 왜 교회에 안 나오셨나요?"
이 질문에 부인은 엉뚱하게도 목사님께 이렇게 반문했습니다.
"목사님, 교회에 다니면 천당에 가요?"
"교회에 다니며 예수님을 믿으면 천당에 갑니다."
"그럼, 우리 남편도 천당에 가겠지요? 부지런히 교회에 다니니까."
"그렇고 말고요."
"그럼, 저는 교회도 안 나가고 예수도 안 믿을랍니다.
저 영감하고 이 세상에서 같이 사는 것도 지긋지긋한데,
천당까지 가서 같이 살 마음은 없습니다.
그럴 바엔 아예 지옥으로 가겠어요."

▷ 이 부인의 고백을 통해 볼 때 장로님의 가정생활은 어떠했으리라고
추측하십니까?

체크리스트

교회성장형 제직으로서 여러분의 가정은 얼마나 '열린 가정'의 모습을 지녔는지 스스로 평가해 보십시오.

전혀 아니다 ◁▷ 매우 그렇다

1. 우리 가정은 평소 남편과 아내가 각각 동등한 신분과 인격을 지녔다고 서로 생각한다. ① ② ③ ④ ⑤

2. 부부간에 상대방이 잘못했음을 발견했더라도 그 잘못을 보통 "내 탓"으로 돌리는 편이다. ① ② ③ ④ ⑤

3. 우리 가정을 이끌고 다스리는 규범은 권위가 아닌 사랑이다. ① ② ③ ④ ⑤

4. 부부간에 의견 충돌이 생길 때 상대방의 "눈높이"를 고려하려고 애쓴다. ① ② ③ ④ ⑤

5. 우리 부부는 결혼한 이후 지금까지 신앙, 생활, 교양 등 모든 면에서 함께 성장하고 있다. ① ② ③ ④ ⑤

6. 가족 전체가 따로 시간을 내어 대화하는 시간을 정기적으로 갖고 있다. ① ② ③ ④ ⑤

7. 어떠한 위기가 생기면 우리 가정은 그것을 회피하기 보다 도전하고 헤쳐나가는 편이다. ① ② ③ ④ ⑤

8. 여가 시간이 생겼을 때 가급적 그 여가를 온 가족이 함께 누리고 있다. ① ② ③ ④ ⑤

9. 가정에 기쁜 일이나 혹은 슬픈 일이 생기면 그것을 이웃과 나누고 있다. ① ② ③ ④ ⑤

10. 우리 가정의 중심에는 하나님께서 확고하게 자리하고 계신다. ① ② ③ ④ ⑤

평가해 보십시오

각 문항마다 체크한 점수를 합산하십시오.

나의 점수 (   )점

조 언 _____

제직의 가정생활 — 9강

성경과의 만남

사도행전 10장 1절부터 8절, 44절부터 46절까지 읽어보십시오.

¹가이사랴에 고넬료라 하는 사람이 있으니 이달리야대라 하는 군대의 백부장이라 ²그가 경건하여 온 집으로 더불어 하나님을 경외하며 백성을 많이 구제하고 하나님께 항상 기도하더니 ³하루는 제 구시쯤 되어 환상 중에 밝히 보매 하나님의 사자가 들어와 가로되 고넬료야 하니 ⁴고넬료가 주목하여 보고 두려워 가로되 주여 무슨 일이니이까 천사가 가로되 네 기도와 구제가 하나님 앞에 상달하여 기억하신 바가 되었으니 ⁵네가 지금 사람들을 욥바에 보내어 베드로라 하는 시몬을 청하라 ⁶저는 피장 시몬의 집에 우거하니 그 집은 해변에 있느니라 하더라 ⁷마침 말하던 천사가 떠나매 고넬료가 집안 하인 둘과 종졸 가운데 경건한 사람 하나를 불러 ⁸이 일을 다 고하고 욥바로 보내니라
⁴⁴베드로가 이 말 할 때에 성령이 말씀 듣는 모든 사람에게 내려오시니 ⁴⁵베드로와 함께 온 할례 받은 신자들이 이방인들에게도 성령 부어 주심을 인하여 놀라니 ⁴⁶이는 방언을 말하며 하나님 높임을 들음이러라

1. 본문에 등장하는 이달리야대의 백부장 고넬료의 가정은 개인뿐만 아니라 집안 전체가 하나님을 경외하는 가정이었습니다. 이것을 알 수 있는 구절을 적어보십시오.
   ① 2절:
   ② 7절:

2. 2절에 소개된 고넬료 가정의 경건한 신앙생활을 구체적으로 정리해보십시오.
   ① 하나님을 _____ 함
   ② 백성을 _____ 함
   ③ 하나님께 항상 _____ 함

3. 하나님께서는 고넬료의 신앙을 보고 그 가정을 구원하시고자 작정하셨습니다(4절). 이를 위해 누구를 사용하셨습니까? (5절)

4. 욥바에 사람을 보내 베드로를 청한 고넬료가 한 일은 무엇입니까? (24, 33절 참조)

5. 고넬료 집에 초대를 받은 베드로가 그들에게 복음을 전하자(34-43절) 어떤 일이 일어났습니까? (44절, 행 16:31 참조)

<제직의 가정생활>에 대한 연구

1. 가정의 가치와 목적

하나님께서 이 땅 위에 직접 만드신 두 기관이 있는데 가정과 교회가 그것입니다. 특별히 가정은 신앙생활을 올바로 배우고 실천할 수 있는 최선의 장소입니다. 가정에서 익힌 신앙습관은 일생동안 믿음생활에 영향을 미칠 수 있습니다. 그러므로 충성스런 제직으로서 주님의 사역을 성공적으로 수행하려면 우선 가정에서 실패하지 말아야 합니다. 죠 레오날드(Joe Leonard)는 기독교 가정의 목적을 다음과 같이 소개하고 있습니다.

1) 기독교 가정은 하나님 나라의 시민을 만들어 내기 위한 실험실이다.
2) 기독교 가정은 이웃과 동료들을 향한 선교사업기관이다.
3) 기독교 가정은 사회를 좀더 건강하고 정의롭고 따뜻한 곳으로 만드는 견인차이다.
4) 기독교 가정의 궁극적인 목적은 이 땅위에 하나님 나라를 이루는데 있다.

2. 성경적인 제직의 가정생활

1) 하나님을 주인으로 모시는 가정(고전 11:3)

태초에 가정을 만드신 분은 하나님이십니다(창 1:27). 그러므로 제직의 가정은 하나님을 중심으로 사는 가정이 되어야 합니다. 가정의 주인을 하나님 아버지로 인정하고, 그 명령과 뜻에 순종하는 생활을 영위해야 합니다.

2) 믿음과 신앙을 중심으로 생활하는 가정(시 127:1-2)

사람이 아무리 노력해도 하나님이 함께 하시지 않으면 행복한 가정이 될 수 없습니다. 날마다 하나님을 의지하고 신뢰하는 기도와 함께 모든 일을 하나님의 관점에서 바라보는 눈을 지녀야 합니다. 특히 뜻하지 않은 고통과 시련을 겪게 될 때, 이것을 이겨내려면 평소에 여러분의 가정을 흔들리지 않는 믿음의 반석 위에 세우는 훈련을 쌓아가는 것이 필요합니다. 그럴 때 하나님께 영광을 돌리는 가정이 될 수 있습니다.

3) 행복한 부부 관계를 유지하는 가정(창 2:23-24)

남편과 아내는 서로의 필요를 채워주는 돕는 배필로 부름을 받았습니다. 주님이 교회를 사랑하듯 아내를 사랑하며, 교회가 그리스도께 하듯 남편에게 복종하는 것이 성경적인 부부관계의 원리입니다. 서로를 있는 그대로 받아들이고, 사랑을 적극적으로 표현하며, 각자 역할에 충실한 부부가 되십시오. 그러면 행복한 가정을 맛볼 수 있습니다.

4) 하나님의 방법대로 자녀를 양육하는 가정(신 4:9-10)

하나님은 자녀의 육신뿐만 아니라 영적인 양육도 일차적으로 부모에게 맡기셨습니다. 그러므로 부모는 하나님의 형상대로 지음받은 자녀들을 하나님의 방법대로 키워야 합니다. 특히 아버지는 자녀들에게 하나님의 말씀을 가르치고, 자녀들을 위해 늘 축복해 주며, 믿음의 본을 보여주는 것이 중요합니다. 아버지는 가정의 제사장입니다.

5) 복음을 전하는 가정(행 12:12)

성경에는 "네 집에 있는 교회"(몬 1:2), "아굴라와 브리스가와 및 그 집에 있는 교회"(고전 16:19)라는 표현이 등장합니다. 이처럼 초대교회 시대에는 말씀을 듣고 구원을 받은 가정이 그 지역의 거룩한 집회 장소, 즉 교회가 되었습니다. 가정은 그리스도의 작은 몸을 이루어 복음을 전하고 하나님과 이웃에 대한 사랑을 표현하는 장소입니다.

3. 제직과 가정 예배

1) 가정 예배의 중요성

현대사회로 올수록 가정이 무너지고 있습니다. 빌리 그래함 목사는 붕괴되는 가정을 처방할 수 있는 첫 번째 방법으로 가정 예배를 꼽았습니다. 가정 예배는 가정의 정체성과 소속감을 창조하고 강화시켜 줍니다. 가정을 제단 삼아 온 가족이 하나님을 경외하고, 그리스도의 사랑으로 연합할 때 하나님이 뜻하신 가정이 될 수 있습니다.

2) 성공적인 가정 예배의 원리

① 오늘부터 시작하십시오. 온 가족이 다 참석하기를 바라는 것은 지혜롭지 못합니다.
② 형식에 너무 얽매이지 마십시오. 가족들이 지루해하지 않도록 주의가 필요합니다.
③ 가족 구성원들에게 예배의 각 부분을 맡게 하는 것이 좋습니다.
④ 예배를 드린 후에 다과와 함께 교제하는 시간을 갖는 것도 좋습니다.

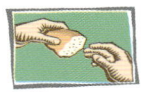 **적용하는 시간**

1. 지난 한 주간 동안 나에게 일어났던 하나님의 은혜를 나누어 보십시오.

2. 지금까지 〈제직의 가정생활〉에 대해 함께 공부했습니다. 특별히 새롭게 깨닫고 은혜받은 부분이 있으면 조를 이루어 서로 나누는 시간(sharing time)을 가지십시오.

3. 성경적인 제직의 가정생활 다섯 가지를 정리해 보십시오.

4. 우리의 가정이 하나님의 뜻에 맞게 서기 위해 필요한 것은 무엇인지 서로 이야기해 보십시오.

5. 여러분의 가정이 행복한 가정이 될 수 있도록, 그래서 이웃에게 복음과 사랑을 증거할 수 있도록 하나님께 간절히 기도드리는 시간을 가지십시오.

6. 오늘의 과제 : 집에서 가족들과 함께 가정 예배 드리기.

 **영적성장을 위한 양서**

〈가정을 살리는 이백두가지 이야기〉 송길원 · 황의봉 편저, 가족사랑, 1998.

교훈의 샘터

> "신이여, 기도하는 가정을 로마에 다시 일으켜 세워주십시오."
> – 로마의 멸망을 지켜보던 한 철학자의 고백 –

진정한 일꾼은 세상을 이기는 그리스도인입니다

제직의 사회생활

들어가면서 퀴즈 하나를 내겠습니다. 맞춰보십시오.

데일 카네기(Dale Carnegie)는 '이것'을 다음과 같이 소개하고 있습니다.
"이것은 별로 소비되는 것은 없고, 건설하는 것은 많으며
이것은 주는 사람에게는 해롭지 않으며, 받는 사람에게는 넘치며
짧은 인생으로부터 생겨나서 그 기억은 길이 남으며
이것이 없이 참으로 부자가 된 사람도 없으며,
이것을 가지고 정말 가난한 사람도 없다.
이것은 가정에 행복을 더하며,
사업에서 호의를 찾게 하며, 친구 사이를 더욱 가깝게 하며
이것은 피곤한 자에게 휴식이 되며,
실망한 자에게는 소망도 되고, 우는 자에게 위로가 되고,
인간의 모든 독을 제거하는 해독제이다.
그러면서도 이것은 살 수도 없고, 빌릴 수도 없고,
도둑질할 수도 없는 것이다."

▷ 인생을 사는 데 없어선 안 될 '이것'은 과연 무엇일까요?(해답은 다음 페이지 하단에)

제직학교
LAY LEADERS TRAINING SCHOOL

"진짜 제직이야!"

다음은 미국의 유명 잡지인 '라이프(LIFE)'지 87년 12월호에 실렸던 글입니다.

…*메릴 스트립(Meryl Streep)은 이번 영화에서 싸구려 호텔 방에서 죽어가는 가련한 여인 역할을 맡았다. 촬영하기 전에 그녀는 시체가 된다는 것이 어떤 것인지를 느껴보기 위해 커다란 얼음백(ice bag)을 30분 이상 껴안고 있었다. 드디어 카메라가 돌아가기 시작했다. 그녀의 애인 역의 *잭 니콜슨은 흐느끼고 소리치며 그녀의 몸을 흔들어댔다. 그러나 장면 장면마다, 심지어 장면 사이 사이에도 메릴은 냉동 생선처럼 꼼짝않고 누워 있었다. 제작팀 중 한 사람이 놀라서 감독에게 속삭였다. "어떻게 된 거예요? 숨도 쉬지 않잖아요!" 일단 감독은 계속하라는 신호를 주었다. 메릴의 몸에는 생기라고는 전혀 없었다. 그럼에도 촬영은 계속되었다. 촬영이 끝나고 세트가 치워진 후에도 그녀는 창백한 채로 계속해서 누워 있었다. 10분쯤 지나서야 서서히 혼수상태로부터 깨어나기 시작했다. 감독은 깜짝 놀라 이렇게 더듬거리며 말했다.

"이것이 바로 연기야! 메릴이야말로 진짜 연기자야!"

* **메릴 스트립(Meryl Streep)** : 유명 영화배우(여) – 메디슨카운티의 다리, 아웃 오브 아프리카 등 출연
* **잭 니콜슨(Jack Nicholson)** : 유명 영화배우(남) – 이보다 더 좋을 순 없다, 배트맨 등 출연

▷ 메릴 스트립이 아카데미 여우주연상을 수상하며 전세계적으로 수많은 찬사를 받는 훌륭한 여배우가 될 수 있었던 이유를 여기에서 발견하게 됩니다. 하물며 그리스도의 몸 된 교회를 기둥처럼 섬기는 여러분이야말로 다른 사람들로부터 다음과 같은 찬사를 받아야 하지 않겠습니까?

"과연, 저 사람이야말로 진짜 그리스도인이야!"

문제 해답 : 미소(smile)

제직의 사회생활 10강

성경과의 만남

다니엘서 6장 1절부터 10절까지 읽어보십시오.

¹다리오가 자기의 심원대로 방백 일백 이십 명을 세워 전국을 통치하게 하고 ²또 그들 위에 총리 셋을 두었으니 다니엘이 그 중에 하나이라 이는 방백들로 총리에게 자기의 직무를 보고하게 하여 왕에게 손해가 없게 하려 함이었더라 ³다니엘은 마음이 민첩하여 총리들과 방백들 위에 뛰어나므로 왕이 그를 세워 전국을 다스리게 하고자 한지라 ⁴이에 총리들과 방백들이 국사에 대하여 다니엘을 고소할 틈을 얻고자 하였으나 능히 아무 틈, 아무 허물을 얻지 못하였으니 이는 그가 충성되어 아무 그릇함도 없고 아무 허물도 없음이었더라 ⁵그 사람들이 가로되 이 다니엘은 그 하나님의 율법에 대하여 그 틈을 얻지 못하면 그를 고소할 수 없으리라 하고 ⁶이에 총리들과 방백들이 모여 왕에게 나아가서 그에게 말하되 다리오 왕이여 만세수를 하옵소서 ⁷나라의 모든 총리와 수령과 방백과 모사와 관원이 의논하고 왕에게 한 율법을 세우며 한 금령을 정하실 것을 구하려 하였는데 왕이여 그것은 곧 이제부터 삼십 일 동안에 누구든지 왕 외에 어느 신에게나 사람에게 무엇을 구하면 사자굴에 던져 넣기로 한 것이니이다 ⁸그런즉 왕이여 원건대 금령을 세우시고 그 조서에 어인을 찍으셔서 메대와 바사의 변개치 아니하는 규례를 따라 그것을 다시 고치지 못하게 하옵소서 하매 ⁹이에 다리오 왕이 조서에 어인을 찍어 금령을 내리니라 ¹⁰다니엘이 이 조서에 어인이 찍힌 것을 알고도 자기 집에 돌아가서는 그 방의 예루살렘으로 향하여 열린 창에서 전에 행하던 대로 하루 세 번씩 무릎을 꿇고 기도하며 그 하나님께 감사하였더라

1. 다니엘은 이스라엘 포로의 신분으로 바벨론에 잡혀왔습니다. 그럼에도 그는 바벨론 총리가 되기에 이르렀습니다 (1-2절). 그 이유는 무엇입니까? (3절)

2. 다리오 왕이 다니엘을 높은 자리에 앉히고 막중한 임무를 맡기자 다른 신하들은 다니엘을 시기하여 고소거리를 찾으려 했습니다. 그러나 결과는 어떠했습니까? (4절)

   그 이유는 무엇입니까? (4절)

3. 다니엘을 시기한 신하들은 기도생활을 문제 삼아 그를 해칠 계교를 꾸몄습니다 (7절). 그 소식을 듣고도 다니엘은 어떻게 행동했습니까? (10절)

4. 결국 하나님을 경외하고 왕에게 충성한 다니엘과, 그를 시기하고 참소하던 바벨론 신하들은 각각 어떠한 결과를 맞게 되었습니까? (23-24절 참조)

   이 사건이 우리에게 주는 교훈이 무엇인지 서로 발표해 보십시오.

〈제직의 사회생활〉에 대한 연구

1. 세상을 이기는 그리스도인

사람은 이 땅에 사는 한 사회적 존재로서 다른 사람과 관계를 맺고 삽니다. 구원받은 우리들 대부분의 삶도 교회 안에서의 생활보다는 교회 밖에서의 생활이 더 많은 부분을 차지하고 있습니다. 그리스도인의 사회생활은 그만큼 중요할 수밖에 없습니다.

세상 안에 있되, 세상에 물들지 않는 크리스천 제직으로 사는 것은 하나님의 뜻입니다. 이 세상에서 성육신하신, 그러나 이 세상을 이기신 예수 그리스도의 모습이 바로 교회성장형 제직의 모습입니다. 그러한 모습은 과연 어떠한 것일까요?

1) 신앙과 삶이 일치하는 자

건강한 사회생활을 통해 성장하는 제직이 되려면 우선 교회 안의 생활과 교회 밖의 생활이 차이가 나는, 이른바 이중적 신앙생활을 극복해야 합니다. 더욱이 제직은 교회 안에서 성도를 섬기며 그들의 삶에 모본이 되어야 하는 지도자입니다. 그런데 교회에서는 너무나 '마음 푸근한 집사님', '겸손하신 장로님'이면서도 정작 사회에서는 '성실하지 못한 직장인', '이웃을 배려하지 않는 아주머니', '마주하고 싶지 않은 상사'로 인식되어지는 경우가 종종 있습니다.

우리는 성경이 세상에서도 한결같이 본이 될 만한 제직의 모습과 자격을 가르치고 있다는(딤전 3:1-13, 딛 1:5-9) 사실에 유의해야 합니다.

2) 성경적 가치관을 따르는 자

성경은 그리스도인들을 향해 "이 세대를 본받지 말라"(롬 12:2)고 말씀합니다. 이는 세상을 떠나거나 도피하라는 의미가 아니라 세상이 추구하는 삶의 방식을 좇지 말라는 말씀입니다. 오히려 그 반대로 그리스도의 참된 진리와 사랑으로 세상을 이끌 수 있어야 하는 것입니다.

3) 소금과 빛이 되는 자

예수님은 세상의 소금과 빛이 되는 청지기를 요구하십니다(마 5:13-16). 소금은 녹아져야 맛을 내며, 빛은 비칠 때 제 몫을 다하는 법입니다. 즉 거룩함과 정직으로 빛을 발하는 헌신과 봉사는 세상을 이길 수 있는 강력한 무기가 됩니다.

2. 성공적인 제직의 사회생활

인간이 산다는 것은 곧 일한다는 것을 뜻합니다. 직장에서, 가정에서, 학교에서 각자에게 주어진 일을 감당하며 살아갑니다. 창조의 하나님은 지금도 일하십니다. 하나님이 일하시므로 우리도 일해야 합니다.

1) 직장에서의 생활

직업은 하나님께서 우리에게 주신 생계수단입니다. 나에게는 행복을 주며, 이웃을 섬길 수 있는 통로가 되고, 하나님께는 영광을 돌리는 수단이 됩니다. 참고로 행복한 '직장생활을 위한 십계명'을 소개하면 다음과 같습니다.

제 1계명 : 직업에 대한 소명의식을 가지십시오.
제 2계명 : 자신의 일을 취미화하십시오.
제 3계명 : 자기 전공에 대한 비전과 목표를 가지십시오.
제 4계명 : 인간관계에서 성공하십시오.
제 5계명 : 정직, 성실, 근면함으로 일하십시오.
제 6계명 : 직장내 신앙의 갈등을 극복하십시오.
제 7계명 : 부단히 자기 개발에 힘쓰십시오.
제 8계명 : 스트레스를 정복하십시오.
제 9계명 : 직장과 동료를 위해 기도하십시오.
제 10계명 : 직장과 가정과의 조화를 이루십시오.

2) 이웃과의 생활

평소 우리의 이웃에 대해서는 어떠한 태도를 가져야 할까요? 그들에게 필요한 것은 무엇보다 그리스도의 복음입니다. 이 복음을 전하기 위해서는 말(마 12:36-37, 약 3:2-5)과 행동(행 20:35, 고전 11:1)으로 본이 되는 사람이 되어야 합니다.

 **적용하는 시간**

1. 지난 한 주간 동안 나에게 일어났던 하나님의 은혜를 나누어 보십시오.

2. 지금까지 〈제직의 사회생활〉에 대해 함께 공부했습니다. 특별히 새롭게 깨닫고 은혜받은 부분이 있으면 조를 이루어 서로 나누는 시간(sharing time)을 가지십시오.

3. 세상을 이기는 그리스도인의 3가지 모습은 무엇인지 정리해 보십시오.

4. 교회 밖에서 그리스도인으로서 행동할 때 당했던 어려움이 있었다면 서로 이야기해보고, 그것을 어떻게 극복했는지 나눠보십시오.

5. 교회 안에서만이 아니라 세상 속에서도 예수님의 가치관을 따라 살아갈 수 있는 제직이 되기 위해서 기도드리는 시간을 가지십시오

6. 오늘의 과제 : 회사나 자신이 속한 공동체에서 전도가 필요한 사람을 놓고 기도하기.

 **영적성장을 위한 양서**

〈직장속의 그리스도인〉 빌 하이벨스, 도서출판 한세, 1994.

교훈의 샘터

> **그리스도인이 경계해야 할 4대 언행불일치(言行不一致)**
> "천국만 소망하며 삽니다" 라고 말하면서 과도한 재물욕을 갖는 것
> "주님 위해 일생을 바치겠습니다" 라고 말하면서 십자가를 지지 않는 것
> "모든 영광을 하나님께" 라고 말하면서 자기 자랑만 일삼는 것
> "주님, 사랑합니다" 라고 말하면서 헌신하지 않는 것

제직은 순종함으로, 목회자는 섬김으로 하나됩니다   **제11강**

제직과 목회자

들어가면서

미국 필라델피아 관현악단 연주회에서 있었던 일입니다.

필라델피아 관현악단의 레오폴드 스토코프스키(Leopold Stokowski)는
모든 사람에게 사랑받는 지휘자였습니다.
심지어 극장 경비원까지도 그를 존경하며 멋진 지휘를 칭찬했습니다.
하루는 베토벤 교향곡의 서곡을 연주하게 되었는데
이 곡의 트럼펫 연주는 특이하게도 무대가 아닌 관중석에서
하도록 되어 있었습니다.
연주가 진행되었고 드디어 대미를 장식하는
트럼펫 독주의 순간이 되자
스토코프스키는 관중석을 향해 싸인을 보냈습니다.
그런데 어찌된 일인지 트럼펫 소리가 나지 않는 것이었습니다.
결국 그 날의 연주는 엉망으로 막을 내려야 했습니다.
이유인즉 내막을 알지 못하는 경비원이 관중석에 앉아있는
트럼펫 연주자의 팔을 비틀며 붙잡아 두었던 것입니다.
"미친 녀석 같으니, 스토코프스키 씨의 연주를 망치려고?
어림도 없지. 이곳에서 나팔을 불도록 내가 내버려둘 줄 알아?"

▷ 경비원은 나름대로 자신의 임무와 책임을 다했습니다. 그럼에도
  연주가 실패로 돌아간 원인이 어디에 있다고 보십니까?

아름다운 교회는 …

어떤 책에 "아름다운 교회는 이런 교회"라는 인상적인 글이 실려 있어 여러분께 소개해 드립니다.

1. 예수님이 머리가 되시는 교회
2. 죄에 대한 회개와 용서가 있는 교회
3. 예수님의 십자가 흔적을 지닌 교회
4. 예수님의 사랑을 실천하는 교회
5. 천국에 대한 소망으로 가득한 교회
6. 분쟁이나 투기가 발을 붙이지 못하는 교회
7. 실패를 두려워하지 않는 교회
8. 성공을 자랑하지 않는 교회
9. 겸손한 성도가 모인 교회
10. 감사가 그치지 않는 교회
11. 물질보다 영혼에 관심이 있는 교회
12. 명예보다 믿음을 중요시 하는 교회
13. "하나님께 영광"이라고 말하는 교회
14. 성령님과 교통하는 교회
15. 무슨 일이든 예수님 편에 서는 교회

▷ 여러분이 섬기시는 교회가 이러한 교회가 될 수 있도록 15가지 "아름다운 교회상"을 마음에 품고, 큰 소리로 외치는 시간을 가지십시오.

제직과 목회자 11강

성경과의 만남

히브리서 13장 14절부터 21절까지 읽어보십시오.

¹⁴우리가 여기는 영구한 도성이 없고 오직 장차 올 것을 찾나니 ¹⁵이러므로 우리가 예수로 말미암아 항상 찬미의 제사를 하나님께 드리자 이는 그 이름을 증거하는 입술의 열매니라 ¹⁶오직 선을 행함과 서로 나눠주기를 잊지 말라 이같은 제사는 하나님이 기뻐하시느니라 ¹⁷너희를 인도하는 자들에게 순종하고 복종하라 저희는 너희 영혼을 위하여 *경성하기를 자기가 *회계할 자인 것 같이 하느니라 저희로 하여금 즐거움으로 이것을 하게 하고 근심으로 하게 말라 그렇지 않으면 너희에게 유익이 없느니라 ¹⁸우리를 위하여 기도하라 우리가 모든 일에 선하게 행하려 하므로 우리에게 선한 양심이 있는 줄 확신하노니 ¹⁹내가 더 속히 너희에게 돌아가기를 위하여 너희 기도함을 더욱 원하노라 ²⁰양의 큰 목자이신 우리 주 예수를 영원한 언약의 피로 죽은 자 가운데서 이끌어 내신 평강의 하나님이 ²¹모든 선한 일에 너희를 온전케 하사 자기 뜻을 행하게 하시고 그 앞에 즐거운 것을 예수 그리스도로 말미암아 우리 속에 이루시기를 원하노라 영광이 그에게 세세무궁토록 있을지어다 아멘

* **경성하다(17절)**: 깨어 있다. 주의를 기울이다.
* **회계할 자(17절)**: 하나님 앞에서 책임을 질 자

1. 영원한 하늘나라를 소망하는 성도들이 항상 하나님께 드려야 할 두 가지 제사는 무엇입니까?
   ① 15절 -
   ② 16절 -

2. 17절에 나오는 "너희를 인도하는 자"는 오늘날의 목회자라고 말할 수 있습니다. 그렇다면 성도로서 목회자를 향해 가져야 할 3가지 자세는 어떤 것들입니까?
   ① 17절(상) -
   ② 17절(하) -
   ③ 18절(상) -

그렇게 하는 것은 결국 누구를 위함입니까? (17절)

3. 또한 목회자는 양의 큰 목자이신 예수 그리스도께서 맡겨주신 성도들을 어떻게 축복하고 기도해 주어야 합니까? (21절)

<제직과 목회자>에 대한 연구

1. 목회 지도력의 중요성

"만사가 리더십에 달려 있다"(Leadership is everything). 목회 지도력 개발과 훈련으로 잘 알려진 존 맥스웰 목사의 말입니다. 오늘날 많은 교회가 리더십의 중요성을 인식하고 있습니다. 내부적인 결속과 외부적인 조건이 좋더라도 목회 리더십이 부재한 교회는 결국 성장할 수 없음이 이미 상식처럼 되고 있습니다. 그러므로 제직은 무엇보다 교회 내에서 목회 리더십이 온전히 발휘될 수 있는 분위기를 만드는 일에 힘써야 합니다.

리더십이란 무엇일까요? 리더십의 영어글자인 'LEADERSHIP'의 아홉 글자를 이용해 리더십을 설명하면 아래와 같습니다.

L: Listening – 리더십이란 남의 말을 잘 들어주는 것입니다.
E: Equipping – 리더십이란 다른 사람을 세워주는 것입니다.
A: Achieving – 리더십이란 목적을 성취하는 것입니다.
D: Decision Making – 리더십이란 분명한 결정을 내리는 것입니다.
E: Exampling – 리더십이란 본을 보이는 것입니다.
R: Responsibility – 리더십이란 책임을 질 줄 아는 것입니다.
S: Spiritual Gifts – 리더십이란 영적인 은사입니다.
H: Humbleness – 리더십이란 겸손한 자세를 보이는 것입니다.
I : Integrity – 리더십이란 정직함을 지니는 것입니다.
P: Pioneer – 리더십이란 늘 개척자가 되는 것입니다.

2. 목회 지도력 발휘를 돕는 제직

1) 이해자(히 13:17)

목회자의 사역은 정신적인 노무가 큰 만큼 이를 이해해주는 자세가 필요합니다. 바울도 고린도 교회에게 바울의 마음을 시원케 해준 자들을 '알아 주라'고 했습니다(고전 16:18).

2) 배려자(엡 6:19)

목회자의 최대 사명은 말씀을 잘 전하는 일입니다. 그러므로 목회자가 기도하는 일과 성경을 연구하는 일에 몰두할 수 있도록 시간을 마련해 주는 것이 중요합니다.

3) 후원자(마 7:12)

빌립보 교회는 바울이 옥에 갇혀 고생할 때 그를 돌봐주었습니다(빌 4:16-18). 목회자가 가정을 돌봄에 있어 재정적으로 곤란하지 않도록 마음을 쓰는 배려가 필요합니다.

3. 팀사역을 위한 4가지 원리

운동경기에서 코치와 선수가 혼연일치를 이루듯 목회자와 제직과 성도가 하나가 되어서 하나님 나라의 확장을 위해 노력할 때 경기에서 승리할 수 있습니다. 목회자와 제직이 승리하는 팀을 구성하기 위해 필요한 4가지 원리를 소개하면 다음과 같습니다.

1) 협력의 원리

협력은 좀더 높고 큰 뜻을 위해 의견 일치를 이루며 함께 나아가는 기술을 의미합니다. 협력을 이루려면 3가지 요소가 선행되어야 합니다. 그것은 ① 신뢰 ② 존중 ③ 배려입니다. 제직과 목회자는 상호 신뢰하고 존중하며 서로를 생각하는 협력자입니다.

2) 의사소통의 원리

교회는 서로 이야기하는 사람들에 의해 세워집니다. 서로 이야기하기를 거부할 때 교회는 심각한 손상을 입게 됩니다. 의사소통은 일종의 양방 통행 도로입니다. 제직과 목회자는 열린 마음으로 서로를 포용하며 경청하는 아름다운 대화자입니다.

3) 변화의 원리

성장이란 변화를 동반합니다. 현재 정상 궤도를 달리고 있다고 해도 그냥 거기에 주저앉아버리면 곧 추월당하고 맙니다. 제직과 목회자는 '성장'이라는 하나님의 뜻을 이루는데 필요한 변화를 교회 안에 일으키는 비저너리(visionary)입니다.

4) 공헌의 원리

야구에서 '보내기 번트'는 개인 기록 면에서는 마이너스이지만 팀 전체로는 플러스가 되는 플레이입니다. 자기 팀을 위해 자신의 시간, 재능, 자원 등을 기여할 때 그 팀은 살아날 수 있습니다. 제직과 목회자는 '천국' 팀을 위해 함께 공헌하는 동역자입니다.

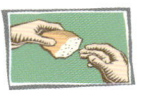 **적용하는 시간**

1. 지난 한 주간 동안 나에게 일어났던 하나님의 은혜를 나누어 보십시오.

2. 지금까지 〈제직과 목회자〉에 대해 함께 공부했습니다. 특별히 새롭게 깨닫고 은혜받은 부분이 있으면 조를 이루어 서로 나누는 시간(sharing time)을 가지십시오.

3. 팀사역을 위한 4가지 원리를 정리해 보십시오.

4. 목회자의 지도력을 돕는 자로서 더 잘 섬길 수 있는 방법은 무엇인지 서로 이야기해 보십시오.

5. 목회자와 한 마음 한뜻을 이루는데 방해가 되는 걸림돌이 있다면 그것을 제거하여 주시도록 하나님의 도우심을 구하는 기도를 드리십시오.

6. 오늘의 과제 : 아름다운 교회의 자화상을 50개 이상 열거해오기.

 **영적성장을 위한 양서**

〈영적성장 십계명〉 명성훈, 교회성장연구소, 1997.

고훈의 샘터

> "사람들은 지도자를 바라보고 있으며
> 변화는 그 지도자와 함께 시작된다."
>
> – 존 맥스웰 –

제직, 교회를 세우는 건축가입니다　

제직과 교회성장

들어가면서

어느 교회에서 건물이 낡아 새 성전을 건축해야 했습니다.
이를 놓고 교회 지도자들이 모여 계속해서 회의를 가졌으나
워낙 사안이 큰 문제라 의견이 분분하여 좀처럼 일이 진척되지 않았습니다.
그래서 특별 기도회를 갖기로 하였습니다.
이 기도회에 늘 참석하는 한 성도가 있었는데
항상 다섯 살 난 아이를 데리고 왔습니다.
하루는 이 꼬마 아이가 엄마에게 이 기도회에 대해
꼬치꼬치 캐묻기 시작했습니다.
그리고 성전 건축을 위한 기도회란 것을 가까스로 이해하게 되었습니다.
다음날 아침 이 꼬마 아이가 집에서 사라져 버렸습니다.
한참 후에 찾아보니 교회 사택 마당에서 목사님과 이야기를
나누고 있는 것이었습니다.
목사님의 눈에는 눈물이 글썽였고 옆에는 벽돌 두 장이
실려있는 아이의 장난감 수레가 놓여 있었습니다.
교회 건축에 도움이 되었으면 하고
아이가 벽돌 두 장을 구해서 목사님께 가져온 것이었습니다.

▷ 결국 이 아이가 드린 벽돌 두 장은 아름다운 성전의 주춧돌이
   되었습니다. 우리에게도 이러한 마음이 필요합니다(마 18:3).

성경에 등장하는 부정적인 제직의 유형입니다. 올바르게 연결해 보십시오.

그랜드 래피즈 뱁티스트 신학교 교수인 워렌 위어스비(Warren W. Wiersbe)는 「건강한 사역자입니까?」란 책에서 사역자 자가진단을 위한 10가지 체크 포인트를 아래와 같이 제시하고 있습니다.

1. 사역의 기초는 인격이다.
   ➡ 사역을 위한 준비는 인품과 자질의 연마로부터 시작됩니다.

2. 사역의 본질은 섬김이다.
   ➡ 주님께서도 "나는 섬기는 자로 너희 중에 있노라"(눅 22:27)고 말씀하셨습니다.

3. 사역의 동기는 사랑이다.
   ➡ 오직 그리스도인의 사역만이 하나님의 사랑을 나눌 수 있습니다.

4. 사역의 척도는 희생이다.
   ➡ 희생을 맛보지 않고는 상처입은 사람들을 위해 일할 수 없습니다.

5. 사역의 권위는 순종이다.
   ➡ 경건한 그리스도인은 영적 권위에 복종하며 종이 됨으로써 교회를 세우려 합니다.

6. 사역의 목적은 하나님의 영광이다.
   ➡ 하나님께서는 자신의 영광을 위해 온 우주만물을 창조하셨습니다.

7. 사역의 도구는 하나님의 말씀과 기도이다.
   ➡ 말씀과 기도만이 하나님을 위한 일에 균형과 조화를 가져다 줍니다.

8. 사역의 특권은 성장이다.
   ➡ 건강한 사역은 우리의 성장을 보장해 줍니다.

9. 사역의 원동력은 성령이다.
   ➡ 주님도 전적으로 성령을 의지하는 가운데 일하셨습니다.

10. 사역의 모델은 예수 그리스도이다.
    ➡ 사역을 한 마디로 정의한다면 "그리스도를 본받는 것"입니다.

➪ **자신의 사역을 성찰해본 후 토론하는 시간을 가지십시오.**

제직과 교회성장 12강

성경과의 만남

고린도전서 3장 4절부터 11절까지 읽어보십시오.

⁴어떤 이는 말하되 나는 바울에게라 하고 다른 이는 나는 아볼로에게라 하니 너희가 사람이 아니리요 ⁵그런즉 아볼로는 무엇이며 바울은 무엇이뇨 저희는 주께서 각각 주신 대로 너희로 하여금 믿게 한 사역자들이니라 ⁶나는 심었고 아볼로는 물을 주었으되 오직 하나님은 자라나게 하셨나니 ⁷그런즉 심는 이나 물주는 이는 아무 것도 아니로되 오직 자라나게 하시는 하나님 뿐이니라 ⁸심는 이와 물주는 이가 일반이나 각각 자기의 일하는 대로 자기의 상을 받으리라 ⁹우리는 하나님의 동역자들이요 너희는 하나님의 밭이요 하나님의 집이니라 ¹⁰내게 주신 하나님의 은혜를 따라 내가 지혜로운 건축자와 같이 터를 닦아 두매 다른 이가 그 위에 세우나 그러나 각각 어떻게 그 위에 세우기를 조심할지니라 ¹¹이 닦아 둔 것 외에 능히 다른 터를 닦아둘 자가 없으니 이 터는 곧 예수 그리스도라

1. 본문을 읽어보면 당시 고린도 교회는 초대교회 복음 전도자인 바울과 아볼로의 영향을 많이 받았음을 발견하게 됩니다. 사도행전을 찾아 구체적으로 확인해 보십시오 (행 18:1-4, 11; 18:24-19:1).

2. 사도 바울과 아볼로가 고린도 교회에서 자신의 은사를 따라 사역한 내용은 각각 무엇입니까? (6절)
   ① 바울 :
   ② 아볼로 :

3. 그럼에도 정작 당사자인 바울은 자신이 복음을 전하고, 아볼로가 돌보아준 사실보다는 어떠한 사실에 중점을 두고 있습니까? (7절)

   이를 통해 주님의 일꾼이 지녀야 할 바람직한 자세는 무엇입니까? (고전 10:31 참조)

4. 예수 그리스도의 몸 된 교회를 세우고 성장시키는데 쓰임을 받는 사람들은 하나님의 은혜를 따라 어떠한 직책을 가진 사람이 되어야 하겠습니까? (10절)

<제직과 교회성장>에 대한 연구

1. 교회성장의 중요성

1) 교회의 어원과 의미
교회란 말의 어원을 살펴보면, 구약에는 '카할' (출 32:1), 신약에는 '에클레시아' (마 16:18)로 소개되어 있습니다. 이는 공통적으로 '부른다' 는 뜻을 담고 있습니다. 즉 교회는 하나님께서 부르시고 택하신 자들의 모임입니다. 우리는 하나님의 공동체로서 특별한 목적을 위해서 부르심을 받았습니다. 그것은 그리스도의 몸을 세우고, 성장시키는 것입니다(엡 4:15-16). 그러므로 교회성장은 하나님의 뜻이자 명령이며, 교회가 존재하는 고유의 목적입니다.

2) 교회성장의 주체세력
교회성장을 이루는 일은 목회자만의 사명이 아닙니다. 성경에 나타난 교회의 직분에는 목회를 전담하는 사도나 목사, 또는 교사(엡 4:11), 교회의 사명을 다하기 위해 세운 장로나 집사가 있습니다(행 20:17; 6:2-6).

그들은 모두 그리스도의 몸이요 지체로서 각각 자기의 분량대로의 사명을 감당함으로 교회를 성장시켜 나가도록 임무를 부여받았습니다. 그러므로 교회의 일꾼인 제직은 그리스도의 몸된 교회를 더욱 성숙시키고, 결속시키고, 성장시키는 주체세력입니다.

2. 하나님이 쓰시는 제직

1) 비전으로 불타는 사명자(빌 2:13)
평신도 지도자인 제직이 먼저 '교회성장' 의 비전을 가슴에 품으면 모든 교인들도 그 비전을 공유하게 됩니다. 그리고 비전 성취를 위해 움직이기 시작합니다. "비전을 몸으로 실천하는 사람" (vision embodier)으로 가득한 교회는 성장합니다.

2) 목표를 향해 달리는 경주자(빌 3:12)
성장하는 교회의 제직들에게서 발견되는 공통적인 특징은 저마다 구체적인 성장목표를 지니고 있다는 것입니다. 할 일이 주어지길 기다리는 것이 아니라 먼저 할 일을 찾습니다. 그러기에 하나님께서는 준비된 사람을 쓰십니다.

3) 은사로 일하는 사역자(롬 11:29)

은사를 주신 목적은 교회의 성장과 유익을 위함입니다. 그러므로 자신이 받은 은사대로 충실히 사역하는 제직이 많으면 많을수록 교회 전체가 건강하게 성장합니다. 은사를 따라 주님의 사역에 힘쓸 때 열매와 보람과 성장을 확실히 얻게 됩니다.

3. 교회성장을 위한 제직 활동

1) 내적(질적) 성장

질적 성장을 이루기 위해선 내부의 교통이 원활해야 합니다. 제직은 교회 내에서 신경 조직, 혈관의 역할을 맡고 있습니다. 머리에서 내려오는 의사를 몸의 각 지체에게 신속히 전달해 주는 일이 중요합니다.

① 목회자의 지도력 발휘를 돕는 일(행 6:1-7)
② 성도 사이를 사랑과 화해의 줄로 연결해 주는 일(엡 4:16)
③ 교회를 사탄으로부터 지키는 영적 파수꾼이 되는 일(겔 3:17)
④ 각종 전문 사역에 참여하여 자신의 재능을 발휘하는 일(마 25:20-21)
  - 소그룹인도자, 예배사역자, 복음전도자, 가정사역자, 직장사역자, 사회봉사사역자, 청소년 사역자, 문화사역자, 방송사역자, 찬양사역자 ….

2) 외적(양적) 성장

제직은 세상 어느 곳에나 존재하는 주님의 일꾼입니다. 집에서, 사무실에서, 길거리에서, 세상 일이 진행되는 곳이면 어디서나 청지기의 역할을 해야 합니다. 그럴 때 주님께서 날마다 구원받는 수를 더하실 것입니다(행 2:47).

① 주님의 지상명령인 복음 전도에 힘쓰는 일(마 28:18-20)
② 도움을 필요로 하는 사람들에게 구제의 손길을 뻗치는 일(딤전 5:10)
③ 정직한 사회, 밝은 세상을 만들기 위해 힘쓰는 일(암 5:24)

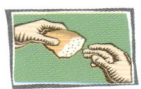 ## 적용하는 시간

1. 지난 한 주간 동안 나에게 일어났던 하나님의 은혜를 나누어 보십시오.

2. 지금까지 〈제직과 교회성장〉에 대해 함께 공부했습니다. 특별히 새롭게 깨닫고 은혜받은 부분이 있으면 조를 이루어 서로 나누는 시간(sharing time)을 가지십시오.

3. 하나님께서 쓰시는 제직의 세 종류의 사람들을 정리해 보십시오.

4. 자신이 현재 교회의 질적·양적 성장을 위해 해야 할 일은 무엇인지 서로 이야기해 보십시오.

5. 12주 훈련을 은혜롭게 마칠 수 있도록 인도하신 하나님께 감사의 기도와 함께, 교회성장을 위한 제직이 될 것을 다짐하는 기도를 드리십시오.

6. 오늘의 과제 : 교회를 성장시키는 온전한 제직이 될 수 있도록 하루에 30분 이상씩 기도하기.

 ## 영적성장을 위한 양서

〈비전을 품은 사람들〉 박은영, 하늘사다리, 1997.

교훈의 샘터

> "하나님께서 나를 그의 신하로 삼지, 그의 고문으로 삼지 않으신다는 사실이 나로서는 행복하다."
>
> − 홀(Joseph Hall) 주교 −

해답편

제 1강

p. 9.
1. 성도들의 연보로 구제하는 일에 형평성의 문제가 발생함(헬라파 과부들이 구제의 혜택에서 빠짐)
2. 1) 말씀을 연구하고(읽고) 기도하는 일에 소홀하게 됨(사도의 본질적인 사역에 소홀하게 됨)
   2) 성도들 가운데서 일꾼을 택해서 일(구제)을 맡김
3. 내면적인 면 - 믿음과 성령과 지혜가 충만한 사람
   외적인 면 - 칭찬을 듣는 사람
4. 기도하고 안수를 함
5. 하나님의 말씀이 점점 왕성해지고, 예루살렘에 있는 제자의 수가 더 심히 많아지고, 허다한 제사장의 무리도 이 도에 복종하게됨.

p. 11.
1. (순서대로) 지위, 믿음, 열매, 칭찬, 신임, 상급, 면류관

제 2강

p. 21.
1. ① 선한 일을 사모함, 절제, 근신, 술을 즐기지 않음, 단정함
   ② 아담함(존경심), 나그네를 대접함, 가르치기를 잘함, 관용함, 구타하지 않음(온유), 다투지 않음, 돈을 사랑하지 않음, 일구이언하지 않음, 더러운 이익을 구하지 않음
   ③ 외도하지 않음, 관용함, 구타하지 않음, 다투지 않음
   ④ 깨끗한 양심을 가짐, 믿음의 비밀을 지닌 자
2. 1) 교만하여 질 수 있기 때문에
   2) 겸손한 자
3. 합당한 훈련과 테스트

제 3강

p. 27.
1. (바울과 같은) 일꾼 ⊂ 고린도교회 ⊂ 그리스도 ⊂ 하님
2. 충성
3. 1) ① 온전히 판단하시는 분은 주님이시므로
      ② 마지막 때 칭찬을 받기 위하여
   2) 주님
4. 하나님의 말씀

제 4강

p. 33.
1. 이스라엘 백성들이 아침부터 저녁까지 끊이지 않음

2. 1) 모세가 과중한 임무를 수행하는 것을 책망함
   2) 목회자가 과도한 사역을 수행하느라 분주하고 탈진하는 현상(burn out)으로 설명할 수 있다.
3. 부장, 백부장, 오십부장, 십부장 제도를 세움, 즉 제직인 평신도 지도자를 구성함
4. ① 재덕이 겸전한 자
   ② 하나님을 두려워하는 자
   ③ 진실무망한 자
   ④ 불의한 이를 미워하는 자

제 5강

p. 35.
1. 덮개 있는 수레 여섯, 소 열둘
2. 레위인, 각기 직임대로 회막 봉사에 쓰게 하심
3. ① 수레 둘, 소 넷
   ② 수레 넷, 소 여덟
   ③ 없음
4. 자신들의 직임은 성물을 어깨로 매는 일이므로

p. 39.
4. (순서대로) 사랑, 겸손, 기쁨, 충성, 질서

제 6강

p. 33.
1. 옛 사람과 새 사람
2. (하나님의 택하신) 거룩하고 사랑하신 자
3. 사랑의 띠
4. ① 말씀
   ② 찬양
   ③ 감사

제 7강

p. 45.
1. ① 기도
   ② 사랑
   ③ 대접
   ④ 봉사
2. 1) 하나님
   2) 하나님께서 영광을 받으시므로
3. 이상히 여기지 말고 기뻐하라
4. 영광의 영, 하나님의 영이 함께 하심

제 8강

p. 51.
1. 1) 자녀, 함께 복음을 위해 수고한 자(동역자)
   2) (하나님의) 복음

2. 성도를 사모하고, 남을 배려할 줄 아는 일꾼
3. 기쁨으로 존귀하게
4. 그리스도를 위해 목숨을 아끼지 않았던 자세 때문, 복음을 위해 모든 것을 희생할 줄 아는 일꾼

제 9강

p. 57.
1. ① 2절: "온 집으로 더불어 하나님을 경외하며"
   ② 7절: "집안 하인 둘과 종졸 가운데 경건한 사람을 불러"
2. ① 하나님을 경외함
   ② 백성을 많이 구제함
   ③ 하나님께 항상 기도함
3. 시몬 베드로
4. 일가와 가까운 친구를 모아놓고 기다림
5. 성령께서 모인 모든 사람(가족)에게 강림하심

제 10강

p. 63.
1. 마음이 민첩하여 다른 이들보다 뛰어났으므로
2. 1) 아무 틈이나 허물을 찾지 못함
   2) 다니엘이 충성되어 그릇됨과 허물이 없었기 때문
3. 예전처럼 하루에 세 번 기도하며 하나님께 감사함
4. 다니엘 - 사자굴에서 구원함을 얻음
   신하들 - 사자밥이 됨

제 11강

p. 69.
1. ① 15절 - 찬미의 제사
   ② 16절 - 선행과 구제의 제사
2. 1) ① 17절(상) - 순종과 복종
      ② 17절(하) - 즐거움으로 사역하도록 도움
      ③ 18절(상) - 중보기도
   2) 자기 자신

제 12강

p. 75.
2. ① 심음(복음 전도)
   ② 물을 줌(양육)
3. 1) 자라나게 하신 분은 하나님이시라는 사실
   2) 범사에 하나님을 인정해드리며, 하나님의 영광을 나타내는 자세
4. 지혜로운 건축자

LAY LEADERS TRAINING SCHOOL

제직학교

초판 1쇄 | 1997년 7월 10일
2판 33쇄 | 2024년 3월 27일(수정판)

발 행 인 | 이영훈

펴 낸 곳 | 교회성장연구소
등   록 | 제12-177호
주   소 | 서울시 영등포구 은행로 59
전   화 | 02-2036-7936
팩   스 | 02-2036-7910
홈페이지 | www.pastor21.net
페이스북 | www.facebook.com/pastor21

ISBN | 89-8304-029-9 03230

※값은 뒤표지에 있습니다.
※잘못된 책은 구입하신 서점에서 교환해드립니다.

교회성장연구소(Institute for Church Growth)는 한국 교회와 전국 목회자들의 사역을 위한 각종 정보를 제공해주고 목회자 및 신학생, 평신도 지도자를 위한 제반 교육을 전담할 뿐만 아니라 교회의 각종 문제를 진단하고 해결해 주는 이른바 교회성장 전문 상담 및 연구기관(Church Growth Consulting & Research Center)입니다.